나는 돈 버는, 행복한 경단녀입니다

주머니 지음

나는 돈버는,
행복한
경단녀입니다

우울증에 허덕이는 경단녀 엄마, N잡러 되다

태인문화사

책 제목을 '엉덩이만 무겁다면 누구라도 할 수 있다'나 '나는 이렇게 우울증을 극복하고 자존감을 얻었다'로 하고 싶었다. 특별히 잘나지도 않고 대단치도 않는 내가 했던 일들이 그랬기 때문이다. 엉덩이 무겁게 뭐라도 시작했더니 서평가라 불리고 대학생이 되고 주식투자자, 영어강사, 작가까지 되었기 때문이다. 우울증에 허덕이던 경단녀가 자존감을 얻었다. 많은 것들을 이루었다며 자랑이라도 할 마음이 아니었다. 나보다 어려운 상황에서도 더 많이 노력하고 성공한 사람들이 많은데 그런 사람들이 본다면 내가 해왔던 일들은 깃털보다 가볍다며 비웃음 살지도 모를 일이다. 어쩌면 별 것도 아닌 걸 이뤄냈다고 책까지 쓰냐며 비난받을 지도 모를 일이다. 그렇다는 걸 알면서도 나는 왜 이 책이 쓰고 싶었을까?

결혼을 하고 아이를 낳아 기르면서 몸이 늙어가고 마음이 딱딱해짐을 느끼며 세월을 탓해봐야 뱃살과 주름만 늘어갔다. 아이를 낳아서 기르는 시간이 무료하고 힘들다고 징징 댔다. 나도 듣기 싫은 그 소리를 들어주는 가족과 친구들은 얼마나 힘이 들지 몰랐다. 매일을 짜증내고 화내며 살았다. 돈이 더 많고 크고 좋은 집에 살며 더 비싼 차를 타지 못해 불행하다고 생각했다. 결혼을 하고 아이를 낳아 길러도 어른이 되지 못한 나는 완벽한 조건을 갖춘 것이 행복한 삶이라며 내게는 해당사항 없다고 믿었다.

큰돈을 벌지도 못했고 대단한 성공을 하지도 못했다. 그런데 지금의 나는 행복하다. 경단녀는 아무것도 못할 거라고 미리 좌절했더라면 알지 못했을 행복이다. 재주가 좋고 능력이 있어서 할 수 있었던 일은 하나도 없다. 꾸준히 했고 매일 했고 포기하지 않았다. 그렇게 하루가 한 달이 되고 일 년이 지나니 결과가 보이기 시작했다. 서평가가 되고 대학생이 되고 주식투자자, 영어강사, 작가까지 되어있었다. 타고난 재능이나 천재적인 감각이 없어도 누구나 이렇게 될 수 있다는 걸 나를 보며 알기 바랐다. 경단녀는 못 한다고, 경단녀라 어렵다고, 경단녀는 안 된다는 사람들의 말에 주눅 들지 말았으면 했다. 나도 했는데 당신이라면 나보다 훨씬 더 잘할 수 있다는 말을 해주고 싶었다. 행복은 별게 아니라 나부터 사랑하면서 나에게 잘해주는 거라는 걸 보여주고 싶었다. 그렇다면 명품가방부터 사고 성형수술부터해서 나를 사랑하면 되지 않겠냐 한다면 말리지는 않겠다(나도 사고 싶고 하고 싶다). 가방을 들고 뿌듯하고 수술 후 예쁜 얼굴이 자랑스러울 시간은 사고 싶은 신상 가방이 생기기 전까지, 성형하지 않은 곳이 눈에 거슬러 다시 병원을 가기 전까지가 아닐까?

하고 싶었던 공부를 찾기 시작하고 돈을 벌면서도 보람을 느끼고 공헌감을 알게 해주는 일을 찾았다. 내게는 딱 맞았던 셀프 사랑법이었다. 내가 나를 사랑하게 되니 남들까지 나를 사랑한다고 말해주는 이 가성비 높은 사랑법을 공유하지 않을 수가 없었다. 내일부터 아울렛에서 아이들 내복

1+1하는 날이라고 알려주듯이. 과일은 마트보다 상가 안 야채가게가 싸고 맛있다는 정보를 공유하듯이 좋은 건 우리 끼리 꼭 알려주는 게 아줌마들의 불문율이니까.

돈을 많이 버는 방법이나 크게 성공하는 방법을 찾는다면 이 책은 큰 쓸모가 없을지 모르겠다. 그러나 천천히 꾸준하게 돈을 벌 수 있는 길을 찾고 인생을 즐겁게 꾸려나가고 싶다면 이 책이 친구가 되어줄 것이다. 경험해본 친구가 되어 이런 방법으로 해보고 저런 길로도 가보라고 도움을 줄 수 있을 것이다. 한 사람의 경단녀라도 도움을 얻고 길을 찾고 싶다는, 생각해줘서 이 책을 잘 썼다며 스스로를 대견해하고 자랑스러워하고 싶다. 그것이 내가 이 책을 왜 썼는지에 대한 답이 될 테니까.

차례

엄마, 대학생 되다

엄마, 주식투자자 되다

엄마, 영어강사 되다

엄마, 작가 되다

엄마, 경단녀 되다

엄마도 엄마는 처음이라서

　어쩌다 마흔이 되었나 싶지만 시간이 지나니 마흔이 되었다. 첫 아이는 이제 6살이라 크게 손가는 일이 없었다. 유치원 보내고 난 오전 시간에는 가끔 '심심하네. 일이나 해볼까?' 생각하던 내 나이 마흔에 둘째의 임신을 알게 되었다. 놀랍지만 감사했고, 불안했지만 벅찼다.

　마흔에 임신이라니. 마흔 하나에 아이를 낳아 둘째가 20살이 되면 나는 60살이었다. 60살은 한참 남은 것 같지만 그렇지 않다는 걸 안다. 20대에도 마흔은 한참 남은 것 같았지만 금방 되어버렸으니까. 그렇다면 나는 금방 60살이 될 것이다. 그럼 그때는 뭘 해야 하지? 당장이야 아이를 낳고 키워야 한다지만 아이를 20살까지 키우기 위해서는 돈이 들고 아이가 둘이니 두 배가 든다. 그렇다면 50대 60대에도 일을 해야겠구나 싶었다.

그런 생각으로 하루하루를 보내다 보니 임신 막달까지 와 버렸다. 그렇게 마흔 한 살에 둘째를 낳았다. 나는 아이를 임신하고 병원을 다니는 동안 최고령의 임산부였다. 아이를 낳고 병원에서 조리를 하는 동안에도 최고령의 엄마였다. 그런 나에게 한 친구가 전화로 물었다.

"너 그런데 젖은 나오냐? 마흔 넘어서 애 낳아도 젖이 도냐?"

다가올 갱년기를 함께 걱정하던 친구는 나의 출산 축하와 함께 흥미롭다는 듯이 모유의 생산 가능성을 물어왔다. '나온다! 돈다! 돌까지 모유 먹여 키울 거다!' 호기롭게 말하고 싶지만 친구는 둘째에게 모유수유 하는 흰 머리에 탈모까지 된 나를 보러 와서는 말했다.

"요새 분유 좋아. 애 쓰지 말고 분유 먹여도 돼."

어쩌다 경단녀가 되었나 싶지만 시간이 지나니 경단녀가 되었다. 아이를 낳아서 키우며 금방 되어버렸다. 그리고 주위에는 수많은 경단녀들이 있었다. 육아휴직 중인 대기업에 다니는 엄마나 공무원 엄마가 아니면 대부분이 경단녀였다. 그녀들 역시 나와 비슷했다. 결혼하기 전에 하던 일을 첫 아이 낳기 전까지 했다. 간호사로 일했고, 작은 회사의 경리 업무를 보았다. 복지관에서 복지사로 일을 하다가, 학원에서 강사로 일을 하다가 경단녀가 되었다. 나처럼 아이를 낳았고 키우다 보니 그렇게 경단녀가 되었다는 그녀들.

아이를 키우고 살림을 하는 전업주부인 지금이 좋다는 경단녀도 있었다. 그러나 대부분은 아니었다. 다시 일하고 싶다고, 아이는 이제 어린이집과 유치원으로 가니까 그 시간에라도 일하고 싶다고 했다. 전에 일하던 곳에서 그렇게 편의를 봐주지 않을 것 같다고, 또는 전에 하던 일을 다시 하고 싶지는 않다고 했다. 그런 이야기를 나누고 돌아오는 길에는 저녁 반찬거리와 유행하는 감기 걱정으로 경단녀지만 일하고 싶다는 마음은 희미하게 잊어버리고 말았다.

그래도 우리에게는 아이가 있으니까. 그까짓 경단녀가 무슨 상관이란 말이냐. 목숨과도 안 바꿀 아이가 있으니 말이다. 비록 낳는 고통보다 더한 수유의 고통을 1년간 겪어야 하지만, 밤에는 수시로 깨서 젖을 달라는 통에 통잠 좀 자보자며 불면의 밤을 지새우지만, 둘째를 유모차에 태우고 첫 아이 등원을 위해 달리는 유치원 버스를 붙잡아야 하지만 아이가 있으니까, 말로는 표현하기 힘든 내 인생 최고의 존재들이 있으니 말이다.

그러니 힘들지 말아야지 한다고 다짐하고 다짐해도 그 힘듦이 없어지지 않았다. 아파서 힘들고, 못 자서 힘들었다. 우울해서 힘들었다. 몸과 마음이 다 힘들었다. 아이를 낳고 힘들지 않은 엄마는 없다고, 너만 그런 거 아니니 유난 떨지 말라고 눈치를 주는 남편과 요새처럼 애 키우기 편한 시절이면 열은 낳았을 거라는 어른들의 말은 그런 나를 더 힘들게 했다. 그러니 아이들은 언제나 아빠 말고 엄마만 찾는 거라고. 그랬으니 아이들은 어른들이 이리 오라고 해도 쭈뼛거리며 가지 않는 거라고 말하지도 않아도 아는 건 엄마들뿐이다.

몸과 마음을 다해 아이를 키우지만 이 사랑에 과연 끝이 있을까 싶다. 힘이 들었다. 엄마는 사랑받는 만큼 힘든 자리였다. 그런데 힘들다 소리를 하지 못했다. 힘들다 소리를

하면 늘 돌아오는 말은,

"애는 예쁘잖아. 애 크는 거 잠깐이야. 지금은 힘들어도 지나고 보면 다 추억이야."

같은 말이었다. 그런 말을 하지 않는 친구는 내게 모유수유 가능성을 묻던 친구 한 명뿐이었다.

"난 임신한 여자들 보면 불쌍해. 낳아서 어떻게 키울 거야. 그 힘든 걸 어찌할까 싶어서 딱해."

하고 말하는 친구의 아이들은 고등학생과 중학생이었다. 아이들 어릴 때 생각하면 너무 귀엽지만 치열하고 전쟁 같던 육아를 생각하면 다시 그 과정을 하고 싶지 않다고 말하는 친구는 내게 남들 얘기는 신경 쓰지 말라고 했다. 자신이 제일 후회하는 건 아이들을 더 많이 안아주지 못한 것이 아니라 돈 아깝다는 남편 때문에 도우미를 쓰지 않아서 집안일을 하느라 아이들에게 짜증냈던 거라고 했다. 그러면서 도우미를 쓰든 남편을 붙잡고 늘어지든 네가 살 길을 찾으라고 말했다. 다 늙어서 애 낳은 것도 힘든데 키우는 건 무조건 도움을 받으라고 했다. 그나마 숨통이 트였다.

그럼 그렇지. 다들 멀쩡해 보이고 별 것도 아닌 쉬운 일처럼 말했지만 육아는 그토록 힘든 것이었다. 그런데도 그걸

겪어봤던 사람들도 그렇게 말하다니. 등산하면서 정상의 위치를 묻는 내게 거의 다 왔다고, 조금만 가면 된다고 말하는 하산하는 어른들 같았다. 차라리 '정상은 아직 멀었지만 조금 가다보면 평지가 있으니까 거기서 조금 쉬고 다시 올라가라'고 말해줬다면 그 평지까지 힘을 냈을 텐데 말이다. 그런데 정말 그런 일이 생겼다. 평지가 보이기 시작한 것이었다. 둘째가 드디어 어린이집이라는 평지에 등원을 시작한 것이다.

어린이집 보내고 나면 엄마는 논다고?

　행복했다. 그 행복은 비록 어린이집 적응기간이라 1시에는 데리러 가야하는 3시간짜리였지만 행복했다.

　집으로 돌아와 몸만 나온 침대로 다시 들어갔다. 못 일어나면 안 되니까 알람을 맞추고 잠을 잤다. 엄마 찾으며 울면 어쩌나 걱정은 되지만 그 걱정보다 수면욕이 컸다. 아이들 없이, 아무도 없이 혼자 침대에서 자보고 싶었다. 그렇게 누워서 15분이나 지났을까 학교에서 전화가 왔다. 화장실에 예민한 큰아이가 학교 화장실을 못 가서 배가 아프다며 보건실로 갔다는 것이었다.

　선생님은 친절하게 아이를 교사 화장실로 데리고 갔지

만 아이가 도저히 안 되겠다며 울더라는 것이다. 죄송하다며 당장 데리러 가겠다고 했다. 옷을 챙겨 입고 교문 앞으로 가니 울상이 되어 나오는 아이가 엄마를 보자마자 눈물을 터트렸다. 배가 너무 아프다고 울기에 집으로 가서 화장실에 가보자고 했다. 아이는 그런 게 아니라고 아끼는 화장실에 가고 싶었지만 지금은 그렇게 배가 아픈 게 아니라며 병원으로 가자고 했다.

얼마나 아프면 아이가 병원으로 가자고 할까 싶어 다급하게 병원으로 데리고 가서 X레이를 찍고 검사를 했다. 결과를 기다리다 보니 12시가 다 되어가고 있었다. 지병인 변비가 또 발병했다며 의사 선생님은 물을 마시라는 당부와 함께 처방전을 주셨다.

아이는 그 사이 아픈 게 덜해졌는지 생글거리며 웃고 있었다. 수납을 하고 약국으로 가서 접수를 하고 또 수납을 하고 약을 받아 집으로 오니 12시 30분이 되어가고 있었다. 배가 고프다는 아이에게 점심으로 차려줄 만한 게 없었다. 큰아이는 학교에서 먹고 올 것이고, 작은아이는 어린이집에서 먹고 올 것이라는 걸 한 치의 의심도 하지 않았다.

나는 밥보다 잠이 중요했기에 점심은 생각도 하지 않고

있었다. 밥도 반찬도 없으니 아이가 제일 좋아하는 라면을 끓여주었다. 야호를 외치는 변비 환자. 이제 1시가 다 되어가고 있었다. 헐레벌떡 관리동에 있는 어린이집으로 둘째를 데리러 갔다. 엄마를 보자 눈물이 터진 둘째는 목을 끌어안고 놓지 않았다. 결국 가지고 간 유모차를 한 손으로 끌고 한 손으로 아이를 안고 돌아왔다.

행복했던 15분. 물론 매일 이렇지는 않았다. 큰아이는 학교 화장실을 겨우 사용했고 둘째도 어린이집에 적응을 하면서 편안한 날들도 있었지만 생각지 못한 일들은 자주 일어났다. 옆반에 코로나 확진자가 생겨서 11시에 큰아이가 돌아왔다. 무탈하게 등원시킨 둘째가 갑자기 열이 난다며 30분도 안 돼서 데리고 가라는 연락을 받았다. 학원차를 놓쳐서 교문 앞에 있다는 큰아이를 데리러 가야했고, 낮잠 잔 지 30분 만에 일어나 앉아서 엄마를 찾으며 대성통곡을 하고 있는 둘째도 데려와야 했다.

아이들이 집에 없어도 엄마는 늘 대기상태였다. 언제든 데리러 갈 상태, 언제든 집에 오면 맞이해줘야 하는 상태였다. 그런데도, 이런데도 어린이집 보내놓고 나면 '너는 집에서 놀지 않느냐고 말하는 사람'이 아직도 있다. 국어사전에 '놀다'의 정의를 다시 한 번 상기시켜주고 싶다.

[놀:다] 동사. 놀이나 재미있는 일을 하며 즐겁게 지내다.

놀이나 재미있는 일을 하려면 마음에 여유가 있어야 한다. 아이들이 없는 시간이라도 엄마에게는 여유가 없다. 아무도 없을 때를 틈타 집을 치워야 했다. 미뤄뒀던 병원 진료를 가야 했다. 장을 봐서 반찬을 만들어야 하고 간식도 준비해야 했다. 오늘은 꼭 해야지 하고 미뤄둔 화장실 청소와 베란다 청소를 해야 했다. 마음 편하게 놀 수 있는 엄마는 없다. 아이들이 어린이집과 유치원, 학교에 가도 마음껏 여유를 가지고 놀 수 있는 엄마는 적어도 내 주위에는 없다.

가끔은 친구를 만나 커피도 마시고 점심을 먹기도 한다. 수다를 떨며 쇼핑을 하기도 하지만 돌아오는 길에는 사온 물건의 무게 때문인지 마음이 무거워진다. '이렇게 쓰기만 해도 될까? 나도 생산적인 사람이 될 수는 없을까? 집에서 살림하고 아이들 잘 키우면 돈 버는 거라지만 진짜 돈은 언제쯤 벌수 있을까?' 7,000원짜리 칼국수에 1,500원짜리 커피를 마시고 아이들 내복 몇 장 사오면서 놀다왔다는 미안한 마음이 드는 건 '어린이집 보내고 나면 집에서 논다는 소리' 하는 사람들 때문인 것 같다.

우울증은 나약해서 걸리는 게 아닙니다

내가 품고 있다가 낳은 아이. 나를 닮은 아이. 너무 작고 소중해서 차마 만지기도 조심스러운 그 아이를 낳기 전에는 몰랐다. 아이를 낳으면 마냥 행복할 줄 알았다. 몸은 힘들겠지만 늘 기쁠 줄만 알았다. 그러나 현실은 그렇지 않았다. 몸이 힘든 건 물론이고 마음까지 힘이 들었다.

뉴스에서 보던 산후우울증 사건은 남의 이야기인 줄 알았다. 나는 괜찮을 줄 알았던 자신감은 3개월도 되지 않아서 무너지고 말았다. 큰아이 때도 그랬지만 그때는 그게 산후우울증인지도 몰랐다. 내가 못되서, 성질이 더러워서 그렇게 짜증을 내는 건 줄 알았다. 애는 너만 낳았냐고, 뭘 그렇게 짜증을 내고 싫은 티를 내느냐고 조금 참으라고 하기에 어영부영 첫 아이를 키워냈다.

둘째는 달랐다. 아이를 출산하기 전부터 두려웠다. 아는 맛이 무섭듯이 아는 우울이 더 무서웠다. 내가 낳은 아이를 내가 힘들어 할 생각을 하니 출산의 기쁨 못지않은 산후의 우울이 무겁게 느껴졌다. 41살에 출산은 몸과 마음이 다 힘들었다. 아무것도 하기 싫었고 잠만 자고 싶었다. 아침이면 씻지도 못하고 둘째를 유모차에 태워 큰아이 등원을 시키고 나면 하루가 또 힘들게 시작되었다는 것이 두려웠다. 내 목숨을 줘도 아깝지 않을 아이들이지만 힘들었다.

그렇게 어김없이 우울증은 더 깊이 더 가까이 다가오고 있었다. 그 우울과 무기력함을 감당할 수 있는 사람이 있을까? 엄마라면 누구나 한 번씩은 느낀다. 아이를 낳아 키우고 하루 종일 집에만 있으면서 '나는 왜 살까?'라는 생각을 하다가 '이렇게 사는 게 맞나?' 싶은 생각도 하게 된다. 누구라도 그럴 수 있는 일이다.

그러나 그런 마음을 표현하면 남편은, 친구들은, 어른들은 그랬다. 네가 강해져야 한다고. 아이 키우는 엄마가 강해져야 한다고. 그래야 그런 나약한 생각을 안 한다며 나의 무기력하고 의지 없음을 나무랐다.

내가 강해지면 내가 마음만 달리 먹으면 그런 건 아무것도 아니라니. 이제는 세상이 달라져서 그렇지도 않다고 산후우울증 치료도 많이 받는다고 하지만 내 주변 아이 키워본 엄마들에게 물어보면 제대로 된 치료를 받은 사람은 아무도 없었다. 지나고 보니 그걸 어떻게 견뎌냈나 싶다는 엄마, 그게 우울증이라는 걸 시간이 한참 지난 후에야 알았다는 엄마들만 있었다.

당당하게 나 우울증이라고 건드리지 말라고 해야 했다. 위가 아파서 매운 걸 못 먹는다고, 이가 아파서 딱딱한 걸 못 씹는다고 말할 수 있듯이 마음이 아프니 건드리지 말라고 해야 했다. 그걸 못 하니 위가 아프고 이가 아프듯이 마음이 아프기 시작했다. 자꾸 슬퍼지고 자주 어두워졌다. 내가 나약해서 우울증에 걸린 게 아닌데 누구라도 그런 상황이면 그럴 수 있다는 걸 몰랐다. 매운 걸 피하듯, 딱딱한 걸 안 먹듯 마음 아프게 하는 것들을 피해야 했던 것이다.

집에서도 아이와 있으면서 할 수 있는 것들을 찾기 시작했다. 드라마에 빠지면 시간은 잘 가지만 밤이 되면 더 우울해졌다. 오늘이 드라마처럼 허구 같았다. 남들은 24시간을 쪼개고 쪼개서 쓴다는데 나는 24시간을 함부로 흘려보낸 것 같았다. 아이 업고 일을 하러 갈 수도 없었다.

그런데 자꾸 무언가 하고 싶다는 생각이 들었다. 하지 않고는 이 우울과 슬픔의 무기력에서 빠져나올 길이 없을 것 같았다. 뭐라도 잡고 그 터널을 빠져나와야지 생각하고 있을 때 주변에서 해주는 말은 큰 위로가 된다. '얼마나 힘들겠냐고.' '네가 제일 힘들 거라고.' '나는 네가 아니라 잘 모르지만 너 참 괜찮은 사람'이라고 말해주는 사람이 있다면 그나마 빨리 그 터널에서 나오고 싶어진다. 가족이 그런 말을 해준다면 제일 좋지만 그렇지 않았기에 내가 찾아나서야 했다. '이 또한 지나간다고, 너 진짜 잘하고 있다'고 말해줄 인생 선배, 선생님을 찾아 나서야 했다.

다행스럽게도 나는 그때 만났다. 언제 어디서든 만날 수 있었다. 내가 원하면 위로를 건네주고 마음을 알아주었다. 책이 그랬다. 운이 좋았던 나는 그때 책을 잡고 그 터널에서 천천히 빠져나오고 있었다.

엄마, 서평가(인플루언서) 되다

책 먹는 엄마

　무보수의 직업 주부에게 좋은 점은 시간이 자유롭다는 것이다. 급하게 출근하지 않아도 되고 종종거리며 퇴근하지 않아도 된다. 아이들이 학교와 어린이집으로 가고 나면 그나마 여유 있는 시간이 주어진다. 그런 장점이 단점처럼 느껴지던 그 시기에 나는 책을 만났다. 할 줄 아는 것도 없는 한심하고 무능력한 내가 싫어서 터널 안에서 꼼짝하기 싫던 무렵에 책 맛을 알게 됐다.

　그렇다고 굳이 책을 먹는단 표현을 할 필요가 있느냐 싶겠지만, 그때는 정말 책을 먹고 살았다. 매일 읽었고 시간이 날 때마다 읽었다. 밥은 안 먹어도 책은 읽어야 살았다. 답답하고 무료하고 슬프고 억울한 마음이 들면 약 대신 책을 찾았다. 책이 밥이었고 살 길이었다.

물론 처음부터 그랬던 건 아니었다. 우울한 마음을 달래보려고 읽었던 자기계발서와 긍정심리서는 너무 뻔하고 교과서 같아서 와닿지 않았다. 일찍 일어나고, 감사를 하고, 하고 싶은 일을 찾으라는 초등학교 교과서에나 나올 것 같은 말이 와닿지 않아 그만 읽어야 할까 싶었다.

이렇게 읽다 보면 인생이 달라진다고 저자들은 말하지만 몇 권을 읽어도 내 인생은 달라지지 않았다. 여전히 경단녀였고 아이들은 어렸으며, 할 수 있는 일은 없었다. 책에 나온 성공한 사람들은 그것보다 더한 상황에서도 다 이겨내고 결국 성공했다며 나를 비웃었다. 그렇다고 마땅히 할 일도 없었다. 엄마가 책을 읽으니 큰아이가 따라 읽는 모습에 억지로라도 책을 들고 있었다. 남편도 책을 읽고 있으면 잔소리를 덜 했다.

"..........? 아, 책 읽고 있었네." 하며 자기가 알아서 챙기기 시작했다. 사람들은 책 읽는 사람을 좋아한다는 걸 그때 알았다. 본인은 안 읽어도 책 읽는 사람은 보기 좋아하고 방해하려고 하지 않았다. 아이들에게서, 남편에게서 자유로운 곳이 책이라는 걸 느끼기 시작했고, 그렇게 조금씩 책을 먹기 시작했다.

하루에 1권을 읽기도 했다. 한 달이면 20권을 넘게 읽기도 했다. 꽤 많은 작가들을 알고 책 좀 읽고 살았다고 생각했지만 그렇지가 않았다. 관심 없는 분야였던 철학과 자기계발서를 읽다보니 그동안 왜 안 읽고 살았나 싶었다. 재미도 있었다.

소설과 시를 좋아했던 문학소녀였다며 학창시절을 회상하던 아줌마는 성공학서와 부자학서라는 분야가 있다는 걸 처음 알았다. 세상에 이렇게 많은 부자가 있다는 걸 알았고 돈은 대놓고 티 나게 좋아하면 천박하다고 배웠는데 잘못 배웠다는 걸 알았다. 부자학서를 읽으면 당장 부자가 될 수 있을 것 같았다. 심리학서를 읽고 나면 남편의 행동 원인이 그래서였나 싶어 이해하려고 노력했다. 정말 조금씩 티 나지 않게 개미눈물만큼 달라지고 있었다. 가족들이 먼저 알았다. 자주 웃고 덜 화내고 있었다.

둘째를 낳고 나서 6개월부터 책을 먹고 살았다. 모유수유하고 재운 다음에는 책을 잡았다. 한 달에 20권을 읽으면

일 년이면 200권이 조금 넘었다. 1년에 200권의 책을 읽을
수 있다는 걸 상상도 못해 본 나는 1년을 그렇게 살고 나서
조바심이 나기 시작했다. 80살까지 산다는 가정 하에 지금
부터 책을 읽는다면 남은 시간은 40년이었다. 200권을 40
년간 읽으면 죽기 전에 내가 읽을 수 있는 책은 8000권 정
도였다. 겨우 8000권이라니 그 정도밖에 못 읽고 죽는다고
생각하니 시간이 아까웠다.

　새벽에 우는 둘째를 업고 헤드랜턴을 쓰고 책을 읽었다.
읽고 나면 분명 조금씩 나아지고 있었기에 읽지 않고는 견
딜 수가 없었다. 이 한 권을 읽어 내면 어제보다 괜찮아졌
다. 오늘 한 권을 읽어야 내일이 행복했다. 지금 책을 읽지
않으면 이 우울을 극복하지 못할 것 같았다. 책 먹는 여우
처럼 소금치고 후추 쳐서 먹고 배가 고프면 밥을 먹고 책을
먹었다. 아침 먹고 책을 먹고, 점심 먹고 책을 먹고, 저녁
먹고 책을 먹으며 살았다. 그러는 동안 우울은 조금씩 옅어
졌고 스스로 제법 행복하다고 생각하기 시작했다.

　읽기만 하기에는 아쉬운 책들이 있었다. 읽다 죽어도 좋
을 구절을 만나면 씹어 먹어버리고 싶었다. 그러나 정말 먹

을 수는 없었다. 도서관에서 빌려온 책은 마음대로 줄을 그을 수도 없었기에 필사를 하기 시작했다. 책의 제목과 지은이를 적고 좋은 구절과 페이지를 적기 시작했다. 필사 밑에 간단한 느낌을 쓰기도 했다.

필사 공책이 한 권, 두 권 쌓이고 뿌듯하게 그 공책을 바라보던 어느 날, 기어 다니기 시작한 아들이 책장 앞에서 조용히 필사 공책을 뜯어먹기 시작했다. 아들도 책을 먹기 시작한 것이었다. 아까운 필사를 버리려니 마음이 쓰렸다. 아들이 먹은 종이는 똥으로 나오겠지만 내 필사는 사라져버렸다. 다시 쓰려니 한두 장도 아니고 막막했다. 다른 방법으로 기록을 해야 하나 고민하고 있을 때 꾸준히 추천받던 SNS가 생각났다.

SNS라는 모래밭에 모래성 쌓기

남 잘 사는 꼴, 남 놀러다니는 꼴 보기 싫어서 안 한다고 했다. 뭐 하러 남들 사는 걸 보면서 배 아파하냐며 안 하고 살았다. 꼭 그런 것만은 아니고 취미가 같은 사람들과 소통도 하고 정보도 교환하기 좋다고 SNS를 권하는 지인에게 모르는 사람이랑 소통 안 하고 살아도 된다고 말했다.

관심에 굶주려서 '좋아요'에 매달리는 한심한 짓은 안 하고 살겠다며 선을 그었다. 네가 읽은 책에 대한 기록이라도 종이 공책에 그렇게 쓰지만 말고 SNS에 올리라고 말했지만 됐다고 했다. 다단계 권하는 사람을 내치듯 그렇게 좋으면 너나 하라고 말했지만 사람들이 그토록 재밌어하고 공을 들이니 궁금해지기 시작했다. 아들이 언제 다시 필사 공책을 먹을지도 모를 일이었다.

남들이 보는 게 싫으면 나만 볼 수 있게 비공개로 온라인에 남겨볼까 싶었다. 어떤 사람은 그걸로 돈도 번다는 말에는 귀가 솔깃했다. SNS로 돈 쓸 줄만 알았던 내가 그걸로 돈을 벌 수 있는 방법이 있을까 궁금한 나머지 단호하게 내치던 SNS 다단계 지인에게 먼저 전화를 걸어 말했다.

"나, 인스타 하는 거 좀 알려주라."

잘 사는 남도 많고 놀러 다니는 남도 많은 그 SNS를 시작했다. 남들이 내 얼굴 아는 건 싫다며 얼굴은 절대 공개하지 않겠다고 비공개로 했다. 내 사생활은 결코 공개할 수 없어 읽은 책 정도만 올려보겠다고 했다. 계정을 만들어서 책 사진을 올리고 짧은 글을 올렸다. 해시테크도 몰라서 '#오늘의도서'라고 올렸다.

글을 올리고 10분 뒤 확인을 했다. '좋아요'는 1개, 5분 뒤에 확인하니 여전히 1개였다. 그렇게 수시로 확인하고 저녁에 내가 받은 '좋아요'는 3개였다. '아, 사람들은 생각보다 내게 관심이 없구나.' 하는 걸 확인하고 나서 섭섭함이 밀려

왔다. 나 역시 그들과 다르지 않다는 걸 알았다. 관심 받고 싶었고 '좋아요'도 받고 싶었다.

왜 사람들이 그토록 좋아하는 지 열심히 하는 지 알 수 있었다. 온라인에서든 오프라인에서든 나 좋다는데 싫은 사람은 없었다. 이왕 시작한 온라인의 '나'는 오프라인에서보다 더 인기 있는 사람이었으면 싶었다. '좋아요' 하나가 늘 때마다 기분이 좋아지는 걸 보며 책읽기 못지않게 행복한 기분을 느끼게 해주는 게 여기구나 싶었다.

"날 좀 보소. 날 좀 보소. 날 쪼매만 보소." 하며 책 사진을 올리고 글을 올리기 시작했다. 내 독서 기록을 올리는 거니까 아무도 안 봐줘도 된다고 말했지만 '해시테그 제대로 사용하는 법'도 찾아보고 책 사진도 예쁘게 찍으려고 노력했다. 절대 얼굴은 공개하지 않겠다던 나는 앱과 보정으로 실물과 다르게 예쁘게 나온 사진을 프로필에 올렸다.

SNS가 뭔지도 몰랐지만 내 눈에도 좋아 보이는 계정이 있었다. 그런 계정들을 찾기 시작했다. 이웃 많고 '좋아요'와 댓글이 많은 사람의 계정으로 가서 열심히 보고 따라 하기 시작했다. 사진은 이렇게, 글은 이 정도, 해시테크는 뭘 달아야 하는지 꼼꼼히 보고 따라 했다. 부지런히 책 리뷰를 올리는 것이 기본 중의 기본이었다. 그렇게 몇 달이 지나니 '좋아요'도 점점 늘었고 모르는 사람의 댓글도 달리기 시작했다. 나도 달려가서 '좋아요'를 눌러주고 댓글을 달아주며 '서로 이웃'이 되었다.

SNS라는 모래성을 아는가?

SNS는 겉으로 보기에는 누구라도 금방 만들 수 있을 것 같고 쉬워 보이는 바닷가 모래성 같은 것이다. 조금 쌓다가 그만두면 작은 파도에도 금방 무너지는 모래성이다. 그러니 매일 그 바닷가로 가서 어제 쌓은 모래성에 또 모래를 얹는 수고를 하며 단단하게 해둬야 조금씩 높아진다. 매일 그 바닷가로 가서 모래성에 모래를 얹고 모양을 다듬고 튼튼하게 해두면 웬만한 파도에는 잘 넘어지지도 않는다. 모래성이 조금 높아져야 사람들도 관심을 가지고 저건 뭔가 싶어서 찾아오게 된다.

경단녀에서 서평가, 대학생, 주식투자자, 영어강사, 작가가 될 수 있었던 건 내가 쌓은 그 모래성 덕분이었다. 모두가 시작은 할 수 있지만 아무나 쉽게 높게 쌓을 수는 없다.

매일 가꿔야하고 돌봐야 한다. 이깟 모래성 쌓아봐야 무슨 소용이 있을까 싶어 제대로 관리하지 않으면 계속 제자리걸음이다. 조금 쌓아두면 파도에 쓸려가 버린다.

모래성을 단단하고 높게 쌓기 위해서는 시간과 공을 들여야 했다. 금방 만들고 쉽게 만드는 건 금방 무너지고 쉽게 부서졌다. SNS라는 모래성은 금방 쉽게 만들 수 없는 것이었다. 매일 조금씩 단단하게 시간과 품을 들여 내 손으로 높게 쌓아가야 했다.

매일의 힘은 놀랍다. 엄마가 되기 전에는 밥솥 사용법도 몰랐지만 엄마가 되고 매일 아이들 밥을 차려줘야 하니 밥솥에 밥 하는 건 발로도 할 수 있는 경지가 되었다. 계란 프라이도 겨우 해먹었지만 엄마가 되고는 야채 송송 썰어서 계란말이가 계란 프라이만큼 쉬워졌다. 그렇게 기계치로는 둘째가라면 서럽던 내게 SNS 하는 법을 알려달라는 친구가 생길 정도로 익숙하게 사진을 올리고 리뷰를 올릴 수 있었다.

모래성을 매일 쌓다 보니 높게 단단하게 만이 아니라 예쁘게 나만의 스타일로 만들고 싶다는 욕심이 생겼다. 내 모래성이 좋다는 사람들도 하나씩 생기기 시작했다. 글이 재미있다는 사람들의 댓글에 어깨춤이 절로 나왔다. 집에서 아이만 키우던 평범하고 우울하던 아줌마는 이제 모래성 안에는 없었다.

위트 있고 재밌게 글쓰는 주머니가 좋아 매일 내 글을 기다린다는 DM을 받은 날은 연애편지를 받은 고등학생이 된 듯이 행복했다. 한 번도 받아보지 못한 연애편지보다 더 달콤하고 좋았다. 얼굴도 모르면서 어디 사는 누군지도 모르면서 내가 좋다는 말에 사르르 녹아버렸다. 육아의 고단함도 산후의 우울증도 그 순간에는 없었다. 매일 가지 않고는 못 배길 지경이었다. 오늘도 내 모래성에 누가 왔나 보고 내게 찾아온 그들의 모래성으로 가서 '좋아요'와 댓글을 남겼다. 그리고 처음부터 지금까지 다음과 같은 기준으로 그들에게 다가갔다.

☺ 좋아요를 누를 때는 복을 준다는 마음으로 눌러줄 것.

☺ 댓글을 달아줄 때는 본문의 내용을 정확히 다 읽고 달아줄 것.

☺ 이모티콘만 달거나 입에 발린 댓글을 달지 않을 것.

사람들은 뻔해서 자기한테 좋은 말 하는 사람을 좋아한다. 그런데 사람들은 참 뻔해서 그 좋은 말이 진심으로 하는 말인지 그냥 하는 말인지 금방 알아챈다. 댓글 하나를 달 때도 '화이팅요', '오늘도 좋은 하루 되세요', '대단해요' 같은 말은 되도록 쓰지 않으려고 했다.

본문의 내용을 천천히 읽다 보면 그 사람의 의중이 느껴진다. 진심이 읽어진다. 거기에 맞게 상황에 맞게 댓글을 달아야 한다. 사진과 첫 줄만 보고 댓글을 달면 본문 중에 중요한 내용을 놓치고 만다. 맛있는 음식 사진과 함께 '오늘의 행복했던 순간'이란 시작 문장만 보고 '여기 어딘가요?' '맛있어 보여요' 같은 댓글을 다는 실수를 하지 말아야 한다.

본문을 읽다 보면 그게 아니다. 사진으로는 맛있게 보여 주문했는데 음식이 나오고 먹어 보니 맛이 없었다는 것이다. "음식 맛은 진짜 별로였지만 그 순간 기분 좋은 전화를 받았기에 먹다 말고 다 남기고 나왔어도 행복했어요"라는 본문의 글을 제대로 읽는다면 이런 댓글을 달 수가 없다.

그러나 대부분 남이 쓴 글을 읽지 않는다. 자신의 모래성을 높이 쌓는데 급급해서 더 많은 '좋아요'와 댓글을 남기기 위해서 진심을 담지 못한다. 그런 댓글을 달기는 싫었다.

뻔한 댓글, 진심이 없는 댓글은 안 다니만 못했다. 찾아다니며 진심을 전했다. 내게 가벼운 댓글을 달아준 사람이라도 피드로 찾아가 그 사람의 프로필을 꼼꼼히 보고 본문을 다 읽은 다음 댓글을 남겼다. 뻔한 사람들은 진심 어린 댓글에 감동했다. 더 뻔한 나는 답으로 돌아오는 그들의 진심 어린 댓글에 감동하고 행복해하며 모래성은 쓸데없고 부질없다고 생각하던 내 생각이 틀림을 알았다.

누군가는 이걸로 유명해지고 이걸로 돈도 번다고 하지만 그렇지는 못했다. 처음 시작했던 이유도 종이 공책에만 남겨두기 아까운 책 리뷰를 기록하자는 의도였으니 그런 건 아무래도 상관없었다. 그랬던 내게 DM이 왔다. 평소 좋아하고 자주 찾아 읽던 출판사에서 보낸 글의 첫 문장은 이렇게 시작하고 있었다.

"인플루언서님···."

인플루언서, 나도 한번 해보자

출판사에서 보내온 글은 신간 홍보를 위해 서평을 부탁한다는 내용이었다. 서평을 처음 부탁받았다는 것도 기뻤지만 '인플루언서님'이라고 불러주는 바람에 글의 내용은 제대로 보이지도 않았다. 이러쿵저러쿵하니 서평을 해주십사 주소와 연락처를 보내주십사 하는 내용이었다. 천 명도 안 되는 이웃과 100개도 안 되는 게시물로도 인플루언서가 될 수 있구나 싶었다.

드디어 SNS로 돈을 벌 수 있구나 싶었다. 서평을 해주면 책과 함께 소정의 상품을 보내주겠다니 생산적인 인간으로 인정받은 기분이었다. 글을 써서 돈을 버는 사람이 된 것 같았다. 포스트잇에 크게 인플루언서라 써서 이마에 붙이고 다니고 싶었다. 그렇게 동네를 돌아다닐 용기는 없기에 모임 단톡방에 올렸다. 나 오늘 이런 메시지를 받았다고.

나는 이제 인플루언서라 했더니 친구들은 너는 이미 우리에게 인플루언서라고 했다. 너처럼 책을 읽고 너처럼 성실하게 SNS를 키워나갔으니 너는 이미 우리 사이에서는 인플루언서라고 말해주는 사람들이 고마웠다. 그렇게 처음 서평을 부탁 받은 출판사를 시작으로 여러 곳의 출판사에서 신간 리뷰 요청이 오기 시작했다.

인플루언서가 되면 협찬이 들어오고 좋을 거라고 한다. 인플루언서가 되고 싶다는 사람들은 그래서 열심히 자신의 SNS를 키워나간다. 이웃을 늘리고 맞팔을 신청하고 소통을 신청하며, 내 계정에 사람을 늘리고 '좋아요'를 더 받기 위해 노력한다. 인플루언서가 되기 위해 이웃을 돈 주고 사는 경우도 있다. 자신의 가게 홍보를 위해, 영업을 위해 이웃을 사는 사람들도 있다. 그러면 반짝하고 그 계정은 빛이 난다. 협찬 문의를 해주는 곳도 생긴다.

그러나 방향성 없이 진심 없이 오로지 돈을 벌어보겠다

는 마음이라면 그 빛은 오래가지 않는다. 2년 넘게 SNS를 하면서 알게 된 것은 이것 역시 사람이 하는 일이라는 것이다. 사람이 사진을 찍어서 올리고 글을 써서 올리는 일이었다. 사진에는 그 사람의 마음이 묻어나고 글에는 진심이 느껴진다고 한다. 그래서 마음과 진심이 없이 게시물 올리기에 급급해 이웃 늘리기에만 관심을 가지는 사람의 계정은 금방 들통이 난다. 아무리 이웃이 많아도 인플루언서라고 해도 정이 가지 않고 자주 들여다보지 않게 되는 사람들이 그런 사람들이다. 계정은 늘 소리 소문 없이 사라지고 만다.

누군가에게 영향력을 주고 감화시킬 수 있는 인플루언서가 되고 싶다면 자신만의 색깔을 찾아야 한다. 자신만이 가지고 있는 개성과 매력을 어필해야 한다. 처음 책 리뷰를 올릴 때 남들처럼 '이 책은…'으로 시작하는 리뷰를 올렸다면 내 글이 좋다는 찐팬은 만나지 못했을 것이다. 요즘 유행하는 베스트셀러만 찾아 읽고 올렸다면 주머니라는 이름도 얻지 못했을 것이다. 리뷰는 최대한 재밌게 개인적인 경험에 빗대어 썼다.

아줌마들이 잘 읽지 않는 주식서를 쉽게 리뷰했다. 그렇게 모래성을 쌓을 때 나만의 색과 모양을 넣어가며 쌓아갔다. 높게만 쌓는 모래성이 금방 무너지는 이유는 자신만의 색과 모양이 없기 때문이라는 걸 알았기에.

'나노 인플루언서'는 인스타그램에서 1,000~10,000명 사이의 이웃을 가진 사용자들을 말한다. 영향력이 크다고 할 수는 없지만 이웃들과의 소통과 친화력이 좋고, 찐팬을 보유하고 있는 경우가 많아서 홍보나 광고의 효과가 결코 작지 않다. 요즘의 기업들은 '나노 인플루언서'에게 리뷰나 홍보를 부탁하는 경우가 많다. 한 명의 유명인이 잠깐 들어 보인 제품보다는 여러 명의 인플루언서들이 직접 사용하거나 읽어보고 남긴 리뷰에 사람들은 지갑을 더 잘 열기 때문이다.

대단하고 유명한 사람들을 인플루언서라고 하는 줄 알았지만 이제 나도 당당히 인플루언서라고 말한다. 신간을 제공받고 리뷰를 올리며 홍보해주는 도서 인플루언서다. 누구라도 인플루언서가 될 수 있다. 자신만의 색을 찾아서 꾸준하게 열심히 하면 가능하다고 믿는다.

두 번째 이름 서평가

인플루언서라는 말보다 자주 듣는 말은 서평가였다. 어느 순간 한 달에 10권 가까이 책 리뷰 요청이 들어왔다. 출판 사에서 보내는 리뷰 요청은 "서평가님 안녕하세요…"라고 시작하는 메시지가 훨씬 많았다.

서평가라니. 감히 그런 이름으로 불릴 수 있으리라곤 1년 전만 해도 상상도 못했다. 집에서 아이만 키우던 경단녀가 우울증 한번 극복해보자고 시작한 책읽기가 여기까지 와버 렸다. 서평가라니, 날 서평가라고 불러주다니. 이마에는 인 플루언서라고 쓰고 등에는 서평가라고 쓰고 다니고 싶었다. 차마 그렇게 동네를 돌아다닐 수는 없으니 계정에 '#서평 #

책서평 #서평가.'라는 해시테그를 달기 시작했다.

더 많은 신간 리뷰 요청이 들어왔다. 이웃도 점차 더 늘기 시작해서 1,000명이 넘어가고 있었다. 한 번도 읽어보지 못했던 분야의 책들도 있었다. 내 스타일 아닌데 싶어 리뷰하지 말까 하다가도 공짜 책이니 받아서 친구한테 선물이라도 주자 싶어서 받기도 했다. 가끔 그런 책들 속에서 진주를 발견하기도 했다. 공짜로 받은 책값을 출판사로 보내고 싶을 만큼 좋은 책을 만나면 몇 권씩 사서 선물하기도 했다. '배보다 배꼽이 더 크다고, 서평해서 책값은 안 나간다더니 어째 책은 더 많이 사고 돈은 더 많이 드는 것 같다'고 핀잔을 주는 남편에게 서평가는 원래 그런 거라고 했다.

서평가는 돈 벌려고 하는 게 아니라고 했지만 책이 아니라 생활용품이었다면 생활비가 좀 굳었겠구나 싶었다. 책 리뷰만 하던 이웃들이 갑자기 일상 사진을 올리고 맛집 사진을 올리더니 생활용품 협찬을 받고 공구를 하기 시작하던 때였다. 다른 사람이 하는 건 다 좋아 보이는 나의 줏대 없는 안목이 살짝 흔들리기 시작했다. 진짜 돈이 되는 걸 해야 하나, 책은 아무리 읽어도 돈은 안 되는데, 서평이라고 해봐야 보내주는 책 한 권이 다인데, 한 달에 아무리 많이 받는다고 해도 10권 정도인데, 나도 일상 계정으로 바꿔서 돈이 되는 협찬을 받아볼까 흔들리던 어느 날 아침 DM을 받았다.

'서평가님 안녕하세요. 어제 올려주신 책 리뷰를 참 재밌게 봤습니다...'로 시작하는 긴 메시지였다. 용기가 없어 댓글을 못 달지만 내가 쓰는 리뷰가 너무 재미있다는 내용이 담겨있었다. 그분의 피드를 보고 나서 나보다 연배가 높은 분이라는 느낌이 들었다. 책을 별로 좋아하지 않았는데 리뷰만 읽고 책을 찾아 읽게 되었다고 했다. 책보다 리뷰가 더 재밌어서 매일 아침, 오늘은 어떤 리뷰가 올라오는 지 기다리고 있다는 얼굴도 모르는 사람의 글이 마치 연애편지 같았다. 내가 좋다니 내 글이 좋아서 기다린다니 뭐 이런 달콤한 고백이 있단 말인가.

이 정도의 영향력이 있다면, 한 사람에게라도 그런 기분 좋은 하루를 시작하게 해주는데 돈이 되는 생활용품 협찬은 안 받아도 되겠구나 싶었다. 누군가 내가 쓴 리뷰를 기다린다는데 내가 갈 길은 이 길이구나 싶었다. 돈은 다른 길로 벌면 그만이었다. 돈으로도 살 수 없는 마음을 얻었는데 그깟 돈은 없어도 그만이 아닌가 싶었다. 돈을 버는 생산적인 인간이 되어야 인정받는 것이 아닐까하는 생각은 누군가에게 도움이 되는 인간 역시 못지않게 생산적이라는 걸 깨달았다. 서평가라고 쓰고 생산적이라고 읽자. 남들은 돈도 안 되는 그 일을 왜 하느냐고 할지 모르지만 돈보다 더한, 돈으로 못 사는 것을 받는다는 걸 그들은 모른다. 무보수 직업 주부이자 경단녀에게 이름이 생겼다. 서평가라는 이름이다. 서평가라고 불러주는 사람들이 생긴 것이다.

얼굴도 이름도 모르면서 팬이라는 그들

결혼 10년차의 주부의 마음이 설렐 때는 남편이 몰래 숨겨둔 비상금으로 사온 선물이나 꽃이 아니라 새로 시작한 드라마에 내가 좋아하는 배우가 나올 때이다. 설레는 마음으로 그의 눈과 입을 보고 있으면 마주보고 서 있는 아리따운 여배우로 빙의가 되어 마음이 설렌다.

물론 남편이 사온 선물과 꽃을 받았을 때도 설레는 척을 하지만 그건 너도 나도 알듯이 척이다. 꽃과 선물보다는 어디서 돈이 났을까가 더 궁금해져 추궁을 한다. 다음부턴 시들어 버리는 꽃 말고 돈으로 달라는 말은 속으로 삼키지만 남편이 뭘 말하고 싶은지 나는 남편의 얼굴 표정만 봐도 안다.

'내가 다시 꽃을 사오나 봐라. 절대 안 사온다. 그리 싫으냐?'

아무리 좋은 척을 해봐야 10년을 같이 산 남편은 꽃보단 현금이라는 것을 알아채고 만다. 이토록 현실적으로 변해버린 아줌마의 마음을 흔드는 사람들이 나타나기 시작했다. 드라마에 나오는 그 오빠가 아니었다. 내 팬이라고 말하는 그들. 얼굴도 이름도 모르면서 글 한 줄에 마음을 뺏겼다는 사람들이 생기기 시작한 것이다.

연예인도 아닌 내게 팬이 생겼다. 믿기 어렵겠지만 나도 아직 믿기 어렵지만 진짜 생겼다. 커피쿠폰을 보내주고 책을 보내주고 김치를 보내주고 수박과 빙수를 보내주는 팬이 생겼다. 광주에 사는 1호 팬을 알게 된 건 내가 팬이 되어 들락거리던 오애란 작가님의 피드에서였다.

작가님의 책을 서평하며 책과 작가님을 해시테그 했다. 책 읽고 나면 꼭 해보길 바란다. 대부분의 작가님들은 인스타나 SNS 계정이 있고 팬들과 소통하고 싶어 한다. 자기가 쓴 책이 좋다는데 싫다는 작가님은 없으니 책을 리뷰하고 작가님을 찾아서 태그해보자. 연예인의 사인을 받는 기분이 드는 작가님의 댓글을 받을 수 있다.

작가님은 또 내 피드에 찾아와 고맙다는 댓글을 남기셨다. 우리는 티키타카를 주고받으며 친해졌다. 일산에서 부산까지 나를 만나러 와주신 작가님을 알게 된 것만으로 인스타에 절을 하고 싶은데 나의 1호 팬마저 작가님의 피드에서 만났다. 댓글을 타고 내 계정으로 찾아온 광주의 공두연님은 처음부터 내게 그랬다.

그녀는 '나는 당신의 1호 팬'이라고 당신의 글을 알아본 사람이라며, 1호 팬의 소유권을 주장했다. 그녀는 진심과 정성을 담은 댓글을 꾸준히 달아주었다. 허리디스크로 꼼짝을 못하겠다는 게시글을 남기자 연락처와 주소를 묻는 그녀. 김장 김치를 조금 보내주고 싶다고 했다.

앞서 말했듯이 그녀는 전라도 광주에 살았고, 그녀의 시어머니와 함께 담아보낸 전라도의 김장 김치는 예상했던 그대로였다. 맛있었다. 맛도 좋았지만 마음도 좋아졌다. 아팠던 허리도 조금 나아지는 듯했다. 그녀는 자신이 1호 팬이라는 걸 꼭 알아달라고 했다.

책 한 권도 내지 않은 나의 글이 좋다는 팬들. 서울에서 내 글을 읽고 내가 좋아졌다는 지호님은 우리 집 주소를 물어왔다. 뭘 보내주려나 했더니 부산에서도 외진 동네인 우리 집 근처의 과일가게를 직접 검색하고 주문해서 제일 크고 싱싱한 수박을 집앞으로 배달시켜 놓았다. 그녀 역시 내게 말했다. 나는 당신의 팬이라고. 내가 뭘 했다고 그녀들은 나의 팬이 되어주었다.

얼굴도 이름도 몰랐던 그녀들이 나의 팬이 되었다. 이제는 친구가 되었다는 말이 더 맞을지 모르겠다. 서로의 안부를 묻고 연락도 하며 지내는 또래의 아이들을 키우는 비슷한 처지의 친구가 되었다. 그들은 여전히 내 글이 좋다고 했다. 마음을 울리는 리뷰를 읽은 날은 하루가 행복하다고 말해줬다. 그렇게 말해주는데 나 역시 그녀들의 팬이 되지 않을 수 없는 노릇이었다. 그렇게 우리는 서로의 팬이 되었고 친구가 되었다.

특별히 유명하고 대단한 사람에게만 생기는 줄 알았던 팬이 생기고 보니 뭔가 좀 괜찮은 사람 같은 생각이 들었다. 글이 사람의 마음을 움직여 내 옆으로 사람들을 모아주었다. 가본 적도 없는 동네에 살고 얼굴도 모르는 사람들이 이웃이 되고 팬이라고 했다. 느껴보지 못한 사람은 느낄 수 없는 그 기분. 제법 쓸모 있고 생산적인 인간이라는 새싹 같은 좋은 생각이 자랐다.

SNS로 집에서 돈을 벌 수 있다는 광고를 본 적이 있을 것이다. 친구의 친구가 아이들 육아용품을 협찬 받다가 공구를 하고 온라인 쇼핑몰까지 차렸다는 소문을 들어봤을 것이다. 밀키트를 협찬 받아 반찬값을 굳히고 있는 옆동의 아줌마가 있다는 소리를 들어봤을 것이다. 새로 생긴 카페의 협찬을 받아서 커피를 마시러 간다는 지인의 지인의 소식도 들어봤을 것이다.

SNS로 집에서 돈 벌 수 있다. 열심히 하다 보면 협찬도 받고 공구도 할 수 있다. 신상 카페가 생기면 와서 음료를 마시고 사진을 올려달라는 부탁을 받는다. 얼핏 보기에는 쉬워 보인다. 나도 잘할 수 있을 것 같은데 기회가 오지 않는다고 한다. 일단 팔로워 수가 많아야 하고 이웃이 많아야 하는데 자신은 안 될 거라고 한다. 피드에 올릴 사진도 없고 글을 잘 쓸 자신도 없어서 못 하겠다고 한다.

안 될 것 같고 못 하겠다고 하면서 남이 하는 건 쉬워 보인다는 소리 하지 말자. 누군가 오랫동안 열심히 쌓아놓은 모래성의 모양과 높이에 이러쿵저러쿵 뒷담화를 할 시간에 조금씩 모래를 가져다 쌓아보자.

사람들은 생각보다 착해서 잘 못하고 어설퍼도 대놓고 싫은 소리를 하지 않는다. 사람들은 생각보다 더 착해서 품앗이를 잘해준다. 마음을 담아 남의 피드로 가서 칭찬을 하면 돌아오는 건 더 큰 칭찬의 댓글과 진심이다. 사람들은 놀랍도록 착해서 별 것 아닌 나 같은 사람에게도 팬이라고 한다. 열심히 자신만의 이야기를 쌓아보자. 분명 당신에게도 팬이 나타날 것이다. 아무리 열심히 하고 최선을 다했지만 팬이 안 생긴다면 내게 DM을 보내 달라. 달려가서 당신의 팬이 되어주겠다. 진심을 담은 댓글을 달아주겠다.

SNS로 돈을 벌 수 있지만 그 전에 성실하고 꾸준하게 피드를 가꾸어야 한다. 협찬을 받고 공구를 할 수 있지만 이웃들과 돈독하게 댓글 품앗이를 하고 '좋아요'를 나누어야 한다. 신상 카페에 공짜 커피를 마시러 갈 수 있지만 그 사진에 '좋아요'와 '여기는 어딘가요?'라는 댓글을 달아줄 팬이 있어야 한다. 남의 것만 좋아 보인다고 부러워하지 말고 내 것을 가꾸어야 한다. 파랑새 찾으러 갔다가 고생만 하고

돌아왔더니 우리 집에 있던 새가 파랑새였다는 말은 여기에
도 통한다.

유명한 사람의 피드만 보며 부러워하지 말고 내 피드를
유명해지고 팬이 생길 수 있게 만들어야 한다. 매일 조금
씩 쓸고 닦고 가꾸며 내 피드로 사람들이 모일 수 있도록 해
야 한다. 멋진 사진으로 자랑만 할 게 아니라 내가 도움을
줄 수 있는 것을 찾아야 한다. 누구처럼 돈 많이 벌고 싶다
가 아니라 누구처럼 피드를 가꾸고 싶다는 마음으로 찾아다
니며 배우고 따라 해봐야 한다. 집에서도 돈을 벌고 협찬도
공구도 받으며 공짜 커피도 원하는 만큼 받기 위해서는 도
움이 되고 진심이 담긴 피드로 가꿔야한다.

처음부터 서평을 해야지, 도서 협찬을 받아야지 하는 마
음으로 시작한 SNS가 아니었다. '그저 내 독서를 기록해야
지.' 하는 마음으로 시작했다가 뻔한 책 리뷰가 지겨워 조
금 재밌게 해보자 싶었다. 주식서를 읽고 공부하는데 너무
어려웠다. 이렇게 어려운 주식서를, 주식이 어려운 나 같은
주부들이 조금 쉽게 읽었으면 하는 마음에서 주식서를 쉽게
리뷰했다. 꾸준하게 성실하게 내 색깔을 잃지 않으며 글을

올리다 보니 협찬도 들어왔다. 서평가님이라고 불리고 팬도 생겼다. 그러니 순서를 지켜야 한다. 돈을 벌기 위해 SNS를 시작한다면 돈 벌기는 제일 나중으로 미뤄야 한다.

다이아몬드 승급 약속을 받아내다

"초록은 동색이고 가재는 게 편이다." "예쁜 애 옆에 더 예쁜 애다"라는 말이 있다. 사람은 비슷한 사람끼리 논다는 말이다. 인스타 안에서도 다르지 않다. 책 읽고 글 올리는 사람들은 다 비슷했다. 책을 좋아하고 책 이야기를 하며 좋은 글에 공감했다. 그런 사람들과 이웃이 되고 댓글을 주고받으며 서로의 독서 취향과 글투를 알게 되었다.

사람의 말투에서 성격이 묻어나듯 글투에도 성격이 드러났다. 글투에 드러나는 그들의 성격에 맞춰 댓글을 달아주며 서로의 팬이 되었다가 친구가 되기도 했다. 서로에게 좋은 일이 생기면 진심으로 축하해줬다.

책 읽는 사람들에게 좋은 일이란 글을 써서 책을 출간하는 일이다. 읽고 읽다 쓰기까지 해버린 이웃들은 책을 냈다. 그런 이웃들이 대단하고 멋져 보였다. 아는 작가님, 친한 작가님들이 생기기 시작했다. 책이 출간되면 제일 먼저 사서 읽고 리뷰를 올렸다. 생각지도 않은 사인본을 보내주겠다는 작가님들도 있었다. 그런 책은 더 정성으로 리뷰를 올렸다. 주머니님도 얼른 책을 내시면 사서 읽겠다는 다이아몬드 같은 약속을 받기도 했다. 그렇게 신간이 나오면 책 리뷰를 올리고 독서모임의 책으로 추천을 하기도 했다.

다단계는 한 사람 한 사람 모아서 내 밑으로 사람을 많이 두면 된다고 한다. 그 사람들이 또 한 사람 한 사람을 모아서 가지를 치듯 내 밑으로 더 많은 사람이 생기고 그러면 그 피라미드의 제일 높은 자리에 앉은 사람이 돈을 버는 뭐 그런 거라고 한다(정확하지 않다. 내가 주워들어서 알고 있는 일반적이고 대중적인 다단계에 대한 정의니 틀렸다. 알려주겠다 일단 설명부터 들어보시라는 연락은 정중히 사양한다).

나는 작가님들에게 말했다. 다이아몬드 승급을 약속해 달라고. 당신의 책을 이토록 열심히 추천하고 다니고 있으니 내게 좋은 자리 좀 달라고 했다. 나중에, 혹시라도, 언제가 내 책이 나온다면 당신들도 리뷰해달라고. 글이 아무리 구려도 대놓고 그런 말은 쓰지 말아 달라는 애교 섞인 협박을 했다. '그럼요', '그래요', '그리고 말구요' 하고 대답을 해주는 착한 작가님들.

책부터 내고 그런 말을 하라고 핀잔을 주는 사람은 없었다. 어서 책을 써보시라고, 한번 해보시라고 용기를 주는 연락은 가끔 있었다. 혹시 책 쓰고 있느냐, 궁금한 것이 있으면 언제든 물어보라며 자신의 노하우와 시간을 아까워하지 않고 도와주신 작가님들이 아니었다면 주식서도, 지금이 책도 쓰지 못했을 것이다. '이렇게 해봐라', '저렇게 고쳐봐라', '여기로 보내봐라' 하며 도움을 주려고 애썼다.

한 사람의 작가님을 알게 되면 그 작가님이 아는 다른 작가님을 알게 되었다. 작가님이 좋아하는 작가님을 알게 되고 그 작가님 덕분에 다른 작가님을 알게 되었다. 자꾸 알게 되고 더 알게 되는 이 연결고리가 좋았다. 오래 보고 싶고 친하고 싶은 작가님께는 이렇게 말했다.

'작가님 책을 열심히 읽고 홍보도 하겠다고. 사람들을 꼬셔서 작가님 책을 읽도록 할 테니 다이아몬드 승급을 약속해 달라고' 그러면 작가님들은 흔쾌히 다이아몬드를 주겠다는 약속을 해주었다.

　내가 잘나서 책도 내고 성공했다는 사람이 있다. 나는 의지가 강하고 성실하고 부지런해서 성공했다는 사람이 있다. 물론 성공하는 사람들은 부지런하고 꾸준하다. 그러나 그런 사람의 성공을 들여다보면 자신도 모르게 많은 사람의 도움을 받았을 것이다. 언제 이런 도움을 받았는지도 모르게 도움을 받으며 그 자리까지 올랐을 것이다. 특별히 잘 나지도, 아직 성공하지도 않는 내가 서평을 하다가 책까지 썼다고 하면 다들 대단하다고 추켜세워준다. 그런 말을 들으면 나는 항상 운이 좋았고 복이 많았다고 한다.

　주변에 좋은 사람들이 너무 많았다. 책을 쓰고 싶다는 마음에 불을 지펴주고, 책쓰기 하는 법을 알려주고, 투고하는 법을 알려주신 작가님들을 SNS에서 만났다. 그들이 도와줬기에 가능했다. 다이아몬드 승급을 이미 받은 것이나 다름없다. 그런 작가님께 고맙다는 인사를 하면 한 분도 빠짐없이 그랬다. 글은 당신이 쓴 거라고. 나는 그냥 잔소리만 한 정도라고 말하는 작가님들. '감사합니다. 그래서 저도 그

렇게 하려고 합니다. 받은 건 꼭 돌려주는 주머니라 책쓰고
싶다는 어설프고 의욕만 앞서는 저 같은 사람이 나타나면
도움을 주겠습니다.' 하고 혼자서 다짐해본다.

서평가(인플루언서)가 되고 싶다면

자신이 어떤 분야의 인플루언서가 되고 싶은지 정하자

어떤 분야를 잘할 수 있는지부터 찾아보자. 피드에 사진을 많이 올리고 이웃이 많은 것보다 중요한 것은 방.향.성.이다. 나처럼 서평을 하고 싶다면 책 사진과 책 리뷰를 올려야 한다. 음식을 좋아한다면 음식과 관련된 사진을 올려야 한다. 육아가 주제라면 아이들 사진을 올려야 한다. 누가 봐도 '아, 이 피드는 책이구나, 음식이구나, 육아구나' 하는 느낌이 와야 한다. 먼저 내가 갈 방향을 정해야 한다.

게시물 올리기에 급급하지 말자

매일 올리고 자주 올리는 것이 중요하다고 하지만 게시물만 많이 올리는 게 중요한 게 아니다. 하루에 여러 개의 게시물을 올리는 이웃은 피곤하다. 하루에 한 번이나 두 번 정도면 적당하다. 게시물을 많이 올리는 게 중요한 것이 아니라 사람들이 어떤 게시물에 '좋아요'를 많이 주는 지, 댓글을 많이 달아주는 지를 파악하자. 그리고 거기에 맞춰 피드를 꾸며 나가야 한다. 인플루언서에게 필요한 것은 친화력과 소통능력이다. 이웃들이 나에게 원하는 사진과 글을 올려야 한다. 게시물이 많은 게 중요한 게 아니라 중요한 게시물을 올려야 한다.

의미 없는 '좋아요'와 입에 발린 댓글은 달지 말자

하트 3개, 웃는 얼굴 3개의 이모티콘을 달아주는데 걸리는 시간은 3초쯤. 본문을 읽고 댓글을 달아주는데 걸리는 시간은 30초쯤 걸린다. 하트와 웃는 얼굴의 댓글에는 대댓글이 잘 안 달리지만 30초가 걸려서 단 댓글에는 대댓글이 달리기 쉽다. 긴 댓글에는 긴 대댓글이 달린다. 그렇게 이웃이 되고 팬이 되어 친구가 되는 것이다. 많은 댓글을 달고, 많은 이웃들을 방문하는 것이 인플루언서가 되는 길이 아니다. 진심으로 소통하며 내 이야기를 믿어줄 사람이 있어야 한다. '좋아요'를 누를 때도 복을 준다는 마음으로, 댓글 하나에도 마음을 담아보자. 많은 이웃이 중요한 것이 아니라 진짜 이웃이 중요하다.

작은 협찬이라고 무시하지 말자

조금씩 협찬이 들어오면 어깨에 뽕이 들어간다. 내가 원하는 것만 하고 싶다는 생각이 든다. 평소 잘 읽지도 않는 분야의 책을 리뷰를 해달라면 답을 하지 않는 경우도 종종 있었다. 그렇게 내가 원하는 것만 리뷰 해야지 하다 보니 정작 리뷰를 거절했던 출판사에서 읽고 싶은 신간이 나와도 협찬을 해주겠다는 부탁이 오지 않았다. 사진을 예쁘게 찍고 리뷰도 잘해주는 사람들은 넘치기 때문에 거절했던 내게 다시 부탁을 하지 않는 것이다. 생활용품을 협찬 받던 이웃도 비숫하다고 했다. 작은 회사의 협찬을 몇 번 거절했다가, 그 회사가 점점 성장해서 꽤 유명해지고 나니 꼭 한번 써보고 싶은 화장품이 나와도 자신에게는 협찬이 들어오지 않는다고 했다. 그때 그들이 협찬해 준다던 비누를 리뷰 해줄 껄 하며 후회했다. 인플루언서가 되고 싶다면 기쁘게 협찬을 받자. 비록 작은 협찬이라도, 마음에 들지 않더라도 그 협찬이 꼬리에 꼬리를 물어 원하는 협찬을 데리고 온다. 내 마음에 드는 협찬만 걸러서 하고 싶다면 더 많이 유명해지고 협찬이 쌓여서 골라야 할 정도의 인플루언서가 되고 나서 하라. 그때 해도 늦지 않다.

진심 없는 리뷰는 안 하니만 못하다

서평 요청을 받다 보면 정말 별로인 책도 있다. 종이가 아깝다는 생각이 드는 경우도 있다. 서평을 요청한 출판사에서는 솔직한 리뷰를 원한다고 말하지만 종이 아깝게 이런 책을 왜 만들었느냐 소리를 할 수는 없는 노릇이다. 그래서 그냥 의미 없는 말만 늘어놓고 리뷰를 올리면 희한하게 그 출판사에서 다음 리뷰 요청이 없었다. 진심을 말하지 않았는데도 다음 리뷰 요청이 없으니 슬슬 고민이 됐다. 어차피 안 들어올 리뷰라면 싫은 소리를 해도 될까? 고민하다 솔직한 내 마음인데 어떠랴 싶어 하기 시작했다. 리뷰 전체를 다 싫은 소리로 채울 수는 없기에 이런 부분은 아쉬웠다, 이렇게 전개되면 좋았을 것 같다는 정도로 단점도 공개했다.

책이 아쉬워서 미안하다는 출판사의 메시지를 받으면 정성으로 답장을 해주었다. 홍보를 담당하는 것도 아직은 사람이 하는 일이라 그런 메시지를 기억하고 다음에 또 리뷰를 부탁했다. 이번 책은 아마 좋을 거라며 리뷰를 부탁한다는 메시지를 받으면 역시 사람이 하는 일에 필요한 것은 진심이란 생각을 한다. 협찬 받은 물건이 안 좋은데 무조건 좋다고 올릴 필요는 없다. 이런 게 아쉽다, 저런 게 불편했다 정도의 리뷰는 회사에도 리뷰를 읽는 이웃들에게도 도움이 된다.

출근하는 마음으로 피드를 가꾸자

6개월 정도는 거의 매일 책 리뷰를 피드에 올렸다. 서평가가 되겠다는 마음이 있어서가 아니라 올리다 보니 사람들의 반응과 댓글이 재있었다. 누가 기다리는 것도 아닌데 매일 올렸다. 누군가 기다리는 사람이 생겼다. 열심히 피드를 가꾸다 보니 결국 서평가까지 되었다.

인플루언서가 되고 싶다면 피드를 가꾸어야 한다. 성실하게 꾸준하게 해야 한다. 성실과 꾸준함을 이길 수 있는 것은 없다. 센스 있고 매력 있는 피드는 반짝하고 빛날지 몰라도 불성실하고 기분에 따라 피드를 올렸다 말았다 한다면 금방 빛을 잃는다. 우직하고 끈기 있는 사람의 피드는 빨리 빛나지 않아도 언젠가는 빛이 나고 그 빛도 오래 간다.

아이 키우는 엄마라면 내 아이에게 엉덩이가 너무 가벼워서 큰일이라는 소리를 해봤을 것이다. 저래서 무슨 공부를 하겠냐고 하며 혀를 찬 적도 있을 것이다. 피드 키우고 싶은 경단녀도 마찬가지다. 엉덩이가 가벼우면 안 된다. 그래서 무슨 인플루언서를 하겠다고 하며 혀를 차게 만드는 사람도 여럿 봤다. 내 피드에 출근하는 마음으로 들여다보아야 한다. 인플루언서가 되고 싶다면 피드로 출근한다는 마음이어야 한다.

엄마, 대학생 되다

학벌 콤플렉스

1997년도의 대한민국은 IMF로 온 나라가 엉망이었다. 크고 작은 회사들이 부도가 나고 가족들은 해체되었다. 명예퇴직을 당한 가장들이 주변에 넘쳐났다. 대학등록금이 없어 합격을 하고도 못 가고, 잘 다니던 학교도 휴학을 하던 때, 나는 97학번으로 대학에 가야했다.

공부는 늘 중간쯤이라 성적에 맞춰 대학을 골라야 했지만 IMF는 성적만이 아니라 대학등록금을 걱정하게 만들었다. 언니도 대학을 다니고 있는데 나까지 다니면 부모님의 부담은 너무 클 것 같았다. 그런 고민을 했지만 국립대학의 원하던 전공학과에는 붙지 못했다. 합격은 했지만 사립대학의 성적 맞춰 쓴 인문학부는 철학과, 한문과, 사회과로 나눠진 다고 했다. 누가 들어도 취직과는 거리가 멀 것 같은 인문 학부를 4년이나 다니고 취직할 자신이 없었다.

아빠는 늘 대학까지만 지원해주겠다고 하는 분이었다. 너 희가 졸업하면 아빠는 고향으로 내려가서 농사짓고 살겠다 던 아빠는 정말 2년 뒤 고향으로 내려가서 농사를 지으며 사셨다. 대학까지만 지원해주겠다는데 인문학부를 졸업하 고 취직을 못 한다면 아무것도 해주지 않으실 게 당연했다. 4년 등록금이 부담스럽다고 대놓고 말하진 않았지만 졸업 해도 취직도 안 되는 학교보다는 전문대가 나을 거라고 말 하는 부모님 속마음이 이해가 됐다.

19살 나는 취직이 잘되는 학과를 찾기 시작했다. 그래서 전문대 호텔경영학과로 입학을 했고 부모님의 기대처럼 졸 업 전에 취직도 했다. 좋은 호텔에 취직해서 열심히 살았지 만 누군가 학교를 물으면 전공만 말하고 말았다. 전문대가 왜 그리 부끄러운지 친해졌다고 생각하는 사람에게만 비밀 처럼 말했다.

"나 전문대 나왔어."

지적 허영심이 많아서 잘난 척하는 걸 좋아하고 다 아는 척해야 마음이 편했다. 지금도 아니라고는 못하지만 그때는 더 그랬다. 대화를 하다 모르는 주제가 나와도 아는 척했다. 어려운 문제를 이야기해도 이해하는 척 고개를 끄덕였다. 잡학다식하고 유식한 척했다.

그러나 졸업한 대학에 대한 이야기만 나오면 그 자리가 불편했다. 거짓말을 할 수는 없는 노릇이기에 대화를 다른 방향으로 바꿔 그 순간을 모면하고는 집으로 와서 엄마에게 이렇게 퍼붓곤 했다.

"나 왜 4년제 안 보냈어?"

"내가 눈치껏 전문대 간다고 해도 엄마가 말렸어야지."

전문대를 나와서 무시당한다고, 집안 형편 때문에 전문대를 나와서 부끄럽다고 생각했다. 돈을 벌던 20대에 얼마든지 내가 번 돈으로 등록금을 내고 편입을 하거나 다시 입학을 할 수도 있었지만 그렇게 하지는 않으면서 서럽다고 했다. 책읽기를 좋아한다고 말하던 이유도 학벌 콤플렉스 때문이었다. 비록 전문대를 나왔지만 굉장히 똑똑하고 무척 유식하다는 인정을 받기 위해서 지적 허영을 부렸던 것이다.

결혼을 하고 아이를 낳고 나면 학교 이야기를 안 할 줄 알았더니 아이 엄마들 모임에도 출신학교나 전공 이야기가 나왔다. 전문대 나왔다고 하면 무시당할까봐 안 좋은 학교라 말하기 부끄럽다며 얼버무렸다. 집요하게 물어보는 엄마들은 없었지만 돌아오는 길 내내 불안했다. '누군가 내가 전문대 졸업했다는 걸 알면 어쩌지.', '전문대 나왔다고 무시하면 어떡하지.' 하며 시간 아까운 걱정을 했다.

남편과 이야기를 하던 어느 날 전문대 나온 게 부끄럽다고 했다. 부모님 형편 때문에 전문대 나온 내가 안쓰럽다고 했더니 남편이 말했다.

"아니지, 서른이 넘어서 부모님 탓은 하면 안 돼. 당신이 진짜 하고 싶었으면 지금이라도 해. 누구 탓 할 나이는 지났어. 지금이라도 대학 가. 등록금은 내가 줄게."

어른스럽게 말하는 남편이 고마웠다. 등록금은 자기가 주겠다던 남편은 며느리 등록금 좀 주라며 아버님께 말했다고 했다. 자기는 돈이 없으니 우리 아빠한테 부탁했다는 남편, 부모 탓은 하지 않지만 부모한테 잘 기대는 남편 덕분에 공부를 시작해야 했다. 아버님은 내게 전화를 하셔서 말씀하셨다.

"네가 그렇게 공부를 하고 싶어 하는 줄 몰랐다. 하고 싶은 공부가 있으면 돈 걱정하지 말고 시작해보라."

누군가를 탓하며 살 때가 좋았다. 막상 공부를 할 수 있는 여건이 되자 두려웠다. 다 늙어서 뭐 하러, 애나 키우지 뭐 하러 공부를 하나 싶었지만 하지 않겠다고 말하기에는 일이 커져버렸다.

학점은행으로 사회복지학사가 되다

공부를 특별히 잘하지도 좋아하지도 않았다. 이 싫고 지
겨운 공부를 그만하고 싶다는 말을 입에 달고 살았는데, 어
른이 되고 사회생활을 하며 필요한 공부가 생기자 열심히
했다.

유치원으로 영어수업을 다니던 20대때 유아교육과를 나
오지 않아서 아이들을 잘 모를 거라며 수업을 잘해도 이런
선생님은 곤란하다는 원장님이 계셨다. 그래서 보육교사 자
격증을 땄다. 유학도 안 다녀온 선생님이 영어를 잘해봐야
얼마나 하겠냐는 원장님도 계셨다. 그래서 TESOL 과정을
이수했다. 필요한 공부여서인지, 현장에서 바로 써 먹을 수

있어서인지 그 공부가 재미있었다. 보육교사 과정을 하는 동안 사회복지사 자격증을 따기 위해 같이 공부하는데 그 과목도 흥미로웠다. 조금 더 깊이 있게 공부해서 학사까지 하겠다는 생각은 못 해보고 결혼을 했다.

42살이 되도록 늘 부모 탓하며 4년제 못 나온 게 콤플렉스였던 나는 둘째가 8개월쯤 되던 무렵에 사회복지학 공부를 시작했다. 대학생이 되었지만 캠퍼스에 갈 일 없는 학점은행제로 공부를 했다. 캠퍼스에 갈 일 없는 학교지만 과제도, 시험도 오프라인 학교와 다르지 않았다.

이런 과목이었구나, 졸업하고 나면 이런 곳에서 근무할 수 있겠구나 싶었다. 등록금을 지원해주시겠다던 아버님은 이렇게 저렴한 대학등록금도 있냐며 좋아하셨다. 학점은행제로 공부하면 좋은 점은 장소에 구애받지 않고 수업을 들을 수 있고, 일반 대학등록금의 반의반도 안 되는 돈으로 학위를 받을 수 있다는 것이다.

아이 키우는 아줌마에게 이보다 편한 학교는 없었다. 캠퍼스의 낭만이 필요하지 않는 아줌마에게, 아이들 공부에 드는 돈은 안 아까워도 내 공부에 드는 돈은 아까운 아줌마에게 이보다 좋은 학교는 없었다. 과락만 면해야지, 학위만

따야지 했지만 하다 보니 공부가 재밌었고 옛말이 틀린 게 하나 없다 싶었다.

공부에는 때가 있다고. 그러니 어린 학생들에게 공부하라고 다그치지 말자. 그때는 공부가 제일 재미없을 때니까 말이다. 공부는 내가 하고 싶은 때에 해야 재밌다. 하고 싶고 간절할 때 해야 재밌는 것이다.

사회복지학사 4년제 학위를 받은 날은 하루 종일 울컥울컥 눈물이 났다. 서울대를 졸업한 것도 아닌데, 의사나 변호사가 될 수 있는 졸업장도 아닌데 너무 자랑스러웠다. 43살에 받은 학위증이 자랑하고 싶어 SNS에 올렸다. 사람들은 열심히 공부하고 사는 이웃에게 후했다. 멋지고 대단하다며 칭찬을 해줬다. 나 이제 4년제 학위 있다며 친구들에게도 자랑하고 권했다. 만날 때마다 너도 해보라고 잔소리를 하기 시작했다.

19살에 전문대에서 만난 24년 지기인 모유수유 가능성 질문자 친구부터 꼬드겼다. 전문대보단 4년제가 낫지 않냐 했더니 사실은 자기도 전문대 나온 게 콤플렉스였다는 친구는 나를 따라 학점은행으로 사회복지학을 공부했다. 유아교육과 나와 어린이집 원장까지 했던 현직 카페 사장인 친구도 알고 보니 전문대였다. 자기도 하고 싶다며 학점은행에 대해 물어보기 시작하고 아동학을 공부하기 시작했다. 그 친구들 모두 4년제 학위를 땄다. 내가 좋은 영향력이 되어 공부를 할 수 있었다고 말하는 친구들이지만 내가 더 고마웠다. 내가 느낀 그 뿌듯함과 좋은 기분을 친구들이 같이 느끼는 것도 좋은데 내 덕분이라는 말까지 들으니 어깨가 살짝 '뽕'소리를 내며 올라갔다.

콤플렉스를 내 입으로 뱉고 나면 더 이상 콤플렉스가 아니라고 한다. 전문대 나온 나의 학벌 콤플렉스는 이제 많이 옅어지고 표가 나지 않는다. 그렇다고 완전히 없어지거나 전혀 표가 나지 않는 것은 아니지만 제법 괜찮아졌다. 남들이 보기에는 거의 못 느끼겠다고 하니 말이다.

사회복지학을 공부하면서 사람들의 어려운 부분을 돕고 싶다는 생각이 들었다. 육체적이고 경제적인 어려움만이 아니라 마음이 힘들고 외로운 사람들에게 도움이 되고 싶었다. 사회복지학을 공부하고 대학원은 심리상담이나 가족상담으로 많이 공부를 한다는 걸 알고 더 깊이 있게 공부를 하면 어떨까 고민까지 하게 됐다. 대학원까지 공부해보고 싶다는 마음이 생기고 보니 언젠가 공부가 깊어진 어느 날 내 콤플렉스는 나도 모르는 사이에 없어지겠구나 싶었다. '나 전문대 나왔지, 전문대 나와서 부끄럽단 소리나 하고 다녔었지 참.' 하며 아무렇지 않게 말할 날도 오겠구나 싶었다.

그런 날이 빨리 오게 하기 위해 2022년에는 다시 대학생이 되었다. 사회복지학위를 받은 지 6개월 만에 다시 대학생이 되었다.

국립대 국문학도가 되다

서울대가 제일 좋은 대학이라고 평가받는 이유는 공부 제일 잘하는 학생들이 가는 국립대이기 때문이다. 서울에 살지 않아서 서울대는 등·하교가 어려워 가지 않는다고 공식적으로 말하는 나는 공부 제일 열심히 하는 학생들이 가는 국립대에 가기로 했다. 입학은 쉬워도 졸업은 어렵다는 말은 외국의 명문대학에만 있는 말이 아니다.

방 송 통 신 대 학 교도 그렇다. 입학은 쉬워도 졸업은 어렵고 공부 제일 열심히 하는 학생들이 연령에 상관없이 다니는 국립대학이다. 그 어렵다는 국립대에 입학했다.

사회복지학사를 끝내고 대학원을 가고 싶었지만 등록금

도 부담스럽고, 아이 키우면서 등·하교도 해야 하는 것이 걱정스러웠다. 상담심리학을 전공할까, 사회복지학을 전공할까도 고민스러웠다. 대학원을 나와서 석사학위가 있다면 좋겠지만 내가 진짜 원하는 공부가 이게 맞나 고민스러워 무턱대고 공부를 시작할 수도 없었다.

이왕 시작한 공부니까 열심히 해보라던 남편과 시아버지도 대학원 등록금을 주겠다는 말은 없었다. 4년제 학사를 따면 끝이라고 생각하던 가족들은 대학원을 가고 싶다는 말에 모두 놀라는 눈치였다. 4년제보다 전문대가 나을 것 같다는 부모님의 마음을 19살에도 눈치 챘던 나는 1년에 천만 원 정도의 학비가 부담스러울 그들의 마음을 이해하고도 남았다. 43살이 공부하겠다고, 경단녀가 공부가 하고 싶다며 1년에 천만 원을 쓴다는 건 나 스스로도 납득이 어려웠다.

이렇게 4년제 학사를 끝으로 공부를 그만둘까 할 때, 2022년도 신입생 모집 광고판을 보았다. 마치 국어국문학과라는 글자만 입체적으로 보였던 것은 영화의 한 장면 같았다. 지역마다 하나씩 있다는 그 대학이 부산에서도 딱 내가 사는 동네에 있는 것은 우연이라고 하기엔 너무 드라마 같은 전개였다.

방통대 앞에 있는 빵집에서 보자, 방통대 앞에 카페에 만나자고 약속을 잡던 내가 그 대학에 다니게 됐다. 늘 그 앞을 지나치면서도 한 번도 그 학교의 학생이 될 생각은 못했다. 10년을 방통대가 있는 동네에 살면서 한 번도 그 학교에 다닐 거라고 생각을 못했던 것은 학교는 간판이 전부라고 생각했기 때문이다. 이름 있는 좋은 대학을 나와야 인정받는다고 믿었기 때문이다.

국어국문학과. 고등학교 때 내가 가고 싶었던 학과인 국어국문학과. 그렇게 원하던 국립대학교 국어국문학과에 떨어지고 나서 택한 것은 취업 안 될 것 같은 사립대가 아니라 전문대였다. 졸업도 하기 전에 취직을 해서 사회생활을 하며 나 스스로를 위로하고 달랬다. '4년제 나왔으면 어쩔 뻔했어. 취직도 못 하고 있었을 거 아니야. 취직도 잘되고, 등록금도 반만 내면 그만이고 전문대 오기 잘했어. 호텔과 오길 잘했어' 했지만 소설 좋아하고 시 읽으며 눈물 흘리던 문학소녀는 늘 국문학도들이 부러웠다. 누구나 자신이 하고 싶은 걸 다 하고 살 수는 없으니까 하면서 부러움을 삼키고 현실에 타협하며 살던 문학소녀는 마흔이 넘어 꿈을 이룬 것이다. 국문학도가 되었다.

합격통지서를 받고 너무 행복했다. 수업을 신청하고 전공 서적을 받으니 실감이 났다. 현대시론과 소설론을 손에 들고 다니며 대학생임을 자랑하고 싶었다. 방통대는 시험 칠 때가 아니면 학교 갈 일이 없으니 자랑하러 다닐 곳도 없었다. SNS에라도 올리며 자랑을 해야 했다. '이거 봐라, 나 또 대학생이다, 너희가 이렇게 만들어줬다'고 자랑하며 캠퍼스 생활을 시작했다.

SNS를 시작하고 서평가가 되고 나서 나보다 더 열심히 사는 사람들을 보았다. 나보다 훨씬 어려운 상황에서도 공부하며 사는 사람들을 보면서 경단녀는 아무것도 못 할 거라는 생각을 버렸다. 대단하고 능력 있는 사람은 노력으로 못 되더라도 꾸준하고 성실한 사람은 노력으로 된다는 걸 알았다. 서평가가 되었고 4년제 학사를 마쳤다. 그리고 진짜 하고 싶은 공부를 찾아서 하고 있다.

하고 싶은 공부를 하고 있는 국문학과 3학년인 지금은 그동안 이걸 왜 안 하고 있었나 싶다. 중간고사와 과제와 기말고사 기간이 다가오면 부담스러우면서도 재미있다. 온라인으로 수업을 듣는데 질문이 하고 싶어진다. 줌으로 수업을 듣던 날은 저 연세에 공부를 한다고 싶은 학우님의 공부에 대한 열정에 고개가 숙여졌다. 수업 말미에 "80이 다 되어가는 나이에 대학생이 되고 보니 이토록 행복할 수가 없다"는 그분의 말씀에는 박수가 절로 나왔다.

어릴 때 꿈 하나씩 꾸며 살았던 경단녀들은 돈을 버는 사회인이 되면서 꿈은 미뤄두고 산다. '결혼을 하고 아이를 낳고 엄마하면 됐지.' 하며 꿈은 잊어두고 산다. 미대에 가고 싶었지만 학원비와 실기비용이 두려워 시작도 못 해본 친구, 의상디자인학과 가고 싶었지만 부모님의 반대로 뭘 배우는지도 몰랐던 경제학과로 간 친구, 국문학과에 가고 싶었지만 성적이 안 돼서 못 간 친구들이 있다.

꿈을 이루어 본 경험자로서 한 마디 하자면 일단 자신이 꾸던 꿈이 무엇이었나부터 찾아야 한다. 바쁘게 살면서 잊어버리고 기억나지 않는 꿈부터 찾는 것이 우선이다. 그러기 위해서는 좋아하는 걸 하며 살아야 한다. 좋아서 열심히 하다 보면 생각이 난다. '나 미대 가고 싶었는데, 의상디자인과 가고 싶었는데, 국문학과 가고 싶었는데.' 하며 생각이 난다.

서평가가 뭔지도 모르고 살다가 꾸준히 글을 쓰며 나도 내 꿈을 찾았다. 국문학도가 되어 공부를 하고 작가가 되고 싶었다. 제대로 시를 배우고 소설을 배우고 글쓰기 수업을 들어보고 싶었다. 꿈을 이루고 사는 지금 너의 하루만 48시간이냐고 물어보는 친구들에게 바쁘지만 행복하다고 말한다. 너희들도 공부하라고, 행복해지고 싶다면 하고 싶었던 공부하라고 한다.

학교는 간판 따러 가는 곳이라 생각하던 어리석은 나는 마흔이 넘어서야 학교가 뭐하러 가는 곳인지 알게 되었다. 학교는 공부하러 가는 곳이었다. 하고 싶은 공부를 하러 가는 학교에 갈 때는 나이도 성별도 직업도 문제가 되지 않는다는 걸 알았다. 간판이 아니라 공부를 하기 위해 간다는 걸 알았다. 늙으면 머리가 안 돌아가서 공부 못 한다는 말은 어느 정도 맞지만 젊어도 공부할 마음이 없으면 공부 못 한다는 걸 알았다. 공부 제일 열심히 하는 학생들이 나이도 성별도 직업도 상관없이 공부하는 방송통신대학교의 학생인 지금, 학생이라 행복하다.

세 번째 이름 대학생

아이 키우는 엄마가 공부를 한다는 건 말이 쉽지 현실적으로 산 넘어 산이다. 학기마다 5~6개의 과목을 들어야 하고 과제와 중간고사, 기말고사까지 치러야 한다. 과제를 끝내면 줌 수업이 있었고, 중간고사를 치루고 나면 금방 기말고사였다. 당분간 휴학한다고 말하고 그만두면 어떨까 싶은 날도 있었다. 아이가 아프고 내 몸이 아프면 더 그랬다. 이까짓 공부가 내 인생에 무슨 큰 도움이 된다고 애를 쓰고 기를 쓰며 하고 있나 싶어서 다 때려치우고 싶은 날도 있었다. 누가 시킨 것도 아닌데 사서 고생을 하는 내 자신이 원망스러웠다.

대학생은 이제 안 해도 그만이니 살짝 포기하려는 찰나에 어찌 알고 친구에게 연락이 왔다. 학교생활 잘하고 있냐고 묻는 친구는 너는 나의 자랑이라며 나를 추켜세웠다. 힘들어도 끝까지 해서 빛나는 졸업장을 받으라는 친구에게 그만하려고 한다는 말은 차마 꺼내지 못했다. 그래. 그럼 친구도 이렇게 응원을 하니 과락만 면해서 졸업만 해보자는 마음으로 다시 공부를 했다.

그래도 집안일이 밀리고 과제가 밀리면 진짜 그만하고 싶었다. 국문학과의 과제는 글쓰기가 많고 양도 많았다. 주로 독후감이나 에세이를 써야 하는 과제는 어딘가에서 발췌를 하기도 어려웠다. 이번에야 말로 그만해야지 싶었던 날, 퇴근하고 온 남편이 오늘은 저녁을 시켜먹자고 했다. '왜?'라고 묻는 큰아이에게 엄마가 과제하느라 피곤하니까 시켜 먹자는 남편에게 이제 그만 포기하려고 한다는 차마 꺼내지 못했다. 시켜 먹고 남은 잔반 처리와 뒷정리는 다 내가 해야 되니 안 시켜 먹으니만 못하다고 말하고 싶었지만 걱정해주는 남편이 고마워서 그 말은 삼켰다.

SNS에도 이미 대학생이라고 자랑을 하고 난 후라 이웃들이 안부를 물어왔다. 중간고사 잘 쳤느냐, 기말고사는 100

점 맞았느냐며 대학생활을 물어왔다. 여기저기 소문을 다 내놓은 덕분에 국문학과 3학년은 기말고사도 잘 마치고 방학을 기다리고 있었다.

다들 바쁘게 살아가는 '바쁘다 바빠, 현대인'이다. 그래도 '너는 시간이 있고 여유가 있으니 대학생이 된 것 아니냐. 하고 싶은 거라도 있으니 공부하는 거 아니냐.' 할지 모르겠다. 시간은 누구에게나 24시간이고 여유는 누가 만들어주는 게 아니라 내가 만드는 것이다. 하고 싶은 공부를 찾을 수 있었던 것은 좋아하는 일을 꾸준히 하면서였다.

책을 읽고 리뷰를 쓰고 서평가라고 불리며 국문학과에 가고 싶었던 어린 시절의 내가 생각났다. 등록금이 저렴한 국립대 국문학과는 불합격하고 비싼 등록금의 사립대 인문학부는 합격을 하고도 포기했던 어린 문학소녀는 현실 앞에 꿈을 접어야 했다. 원래 꿈은 첫사랑처럼 이루어지지 않는 거라고 믿으며 살았다. 첫사랑이 이루어져 결혼까지 해서 살아도 차라리 이 사랑이 이루어지지 않았다면 좋은 추억이라도 남아 있었을 거라는 첫사랑과 결혼한 친구의 말을 들으며 국문학과 안 가길 잘했다며 위로하며 살았다.

꿈을 이루고 사는 지금, 나는 대학생으로 불리는 것이 좋다. 국문학과 3학년 학생으로 학교의 메일을 받거나 메시지를 받을 때면 어깨가 으쓱해진다. 우리 엄마는 대학생이라고 말하고 다니던 딸은 대부분의 엄마들이 대학생이 아니라고 하니 조금 놀라는 눈치였다. 다른 엄마들은 대학생이라는 핑계로 중간고사와 기말고사 기간에 엄마랑 놀아달라고 하면 안 된다는 규칙 같은 게 없다는 것에 억울해 하기도 했다.

엄마가 대학을 많이 갔으니 자기는 안 가겠다는 딸은 공부가 재밌냐고 묻는다. 재밌지 재밌고 말고. 내가 하고 싶은 공부를 하고 싶은 나이에 하는데 얼마나 재밌다고. 그러니까 너는 부디 네가 하고 싶은 공부를 찾고 하고 싶은 나이에 하길 빈다. 수능점수에 맞춰서 대학을 가지 말고, 남들 눈치 보느라 대학을 가지 말고, 친구들 다 간다니 대학을 가지 말았으면 한다고 말하니 "아이돌이나 되지 뭐." 하고 말하는 딸.

아이돌이 되기는, 공부해서 대학 가기의 몇십 배, 몇백 배는 힘들다는 말을 차마 하지 못하는 엄마는 아이에게 꿈을 꾸고 살라고 한다. 대부분의 엄마들은 그렇게 말한다. 내 말이 씨가 되어 아이의 꿈이 이뤄지길 바라는 기도하는 마음을 담아 말한다.

이제는 아이들에게만 꿈을 꾸고 살라고 말하지 말고 엄마
도 꿈을 꾸고 살자.

아이가 원하는 인생을 살며 행복하길 바란다면 엄마부터
원하는 것을 찾아서 행복해지는 모습을 보여주는 것이 어떨
까? 그에 대한 내가 찾은 행복한 엄마의 모습은 대학생으로
사는 것이었다.

대학생이 되고 싶다면

내가 하고 싶은 공부를 찾아보자

분명 있을 것이다. 내가 배우고 싶었던 과목. 미술이나 음악, 패션 디자인 등이 있을 것이다. 그러나 막상 대학은 점수에 맞춰 뭘 배우는지도 모르는 학과로 갔다면 공부하고 싶었던 과목을 찾아보자. 가고 싶은 대학을 정하고 입학을 마음먹으면 된다.

100세 시대인 요즘에는 앞으로 내가 하고 싶은 일을 하기 위해 대학을 다시 가는 경우도 많다. 사회복지학과, 유아교육학과 등이 경단녀들이 제일 많이 선택하는 전공이다. 주변에서 쉽게 볼 수 있는 직업이기 때문이다. 물론 사회복지사 자격증과 보육교사 자격증이 있다면 취업은 쉽게 할 수 있지만 그게 진짜 자신이 원하던 공부인지 다시 한번 생각해보자.

학점은행으로 사회복지학을 공부하며 교양으로 배운 심리학이 이토록 재밌는지 알았다면 전공을 바꿨겠구나 싶었다. 국문학이 끝나면 심리학을 배워야지 하는 계획을 세우고 있으니 나처럼 두 번 세 번 학교에 다닐 생각이 아니라면 처음부터 진짜 배우고 싶은 공부를 찾자. 100세 시대인 요즘에는 적어도 70세까지는 경제활동을 해야 할지 모른다. 그러니 두 번째로 하는 공부는 내가 하고 싶은 걸 해보자. 그 공부로 돈을 벌겠다는 마음으로 시작하지 말고, 하고 싶은 공부를 찾아서 공부를 한 다음 돈을 벌 수 있는 방법이 있나 찾아보면 좋겠다. 남들이 다 하는 공부, 취직이 잘된다는 공부는 어릴 때 해봤으면 이제 그만하자. 내가 하고 싶은 공부를 찾아서 시작해보면 좋겠다.

.

학점은행, 방송통신대, 사이버대학은 엄마들에게 최고의 캠퍼스다

아이가 아프면 일을 하러 갔다가도 돌아와야 하는 엄마. 아이가 아프기라도 하면 수업을 못 가기도 하고 과제를 제 시간에 제출할 수 없어 발을 동동 굴러야 한다. 아이가 아파도 집에서 수업을 들을 수 있고, 아이를 업고도 과제를 제출할 수 있는 대학들 중에서 찾아보자.

사회복지학사를 학점은행으로 할 때는 둘째가 젖먹이에 기저귀를 차고 있었다. 젖을 먹이며 수업을 들었고 기저귀를 갈며 과제를 할 수 있었다. 방송통신대 역시 중간고사와 기말고사를 학교로 가서 시험을 쳐야 하는 과목들도 있지만 내가 원한다면 시험을 과제로 대신하는 과목을 찾아서 신청하면 된다.

이 학교들의 또 다른 장점은 등록금이라고 생각하는 나는 경단녀들이 제일 부담스러워 하는 것이 학비가 아닐까 싶다. 학점은행은 국가장학금은 못 받지만 학비가 크게 부담스럽지 않다. 사이버대학과 방송통신대는 소득 구간에 따라 국가장학금을 받을 수 있다. 사실 방송통신대는 장학금을 받지 않아도 학점은행보다 저렴한 학비라 부담스럽지 않다. 1년 동안 장학금 지원을 받으며 다니다 보니 이런 국립

대를 왜 그 동안 모르고 살았나 싶다. 국문학과가 끝나면 경제학이나 영문학을 공부할까 고민하며, 심리학과는 왜 안 생기나 모르겠다며 학과 신설을 청원할까 생각한다.

지금 당장 마음을 먹자

하고 싶은 공부, 미뤄둔 공부가 있다면 시작하면 된다. 아이가 크고 나서 여유가 생기면 하겠다고 말한다면 아이가 커서 여유가 생겨도 그 공부를 못하게 된다. 오늘 먹을 고기를 내일로 미루지 말라고 하는 어느 식당의 멋진 표어처럼 오늘 꿔야 할 꿈도 내일로 미루지 않으면 좋겠다. 지금은 2학기니까 내년부터 해보자 하지 말고 시작하면 좋겠다. 당장은 형편이 어려우니까 조금 나아지면 가야지 하지 말고 방법을 찾아서 공부하면 좋겠다. 대학생이 되고 싶다면 마음만 먹으면 된다.

엄마, 주식투자자 되다

인형 눈알 붙이기 부업을 찾아 헤매다
발견한 주식이라는 세계

경력이 단절된 엄마들이 모이면 아이들 이야기를 나눈다. 그도 심심하면 남편과 시댁 욕을 하며 시간을 보낸다. 그러다 꼭 한번 하는 이야기는 돈에 대한 것이다.

아이를 키우려면 돈이 많이 들고, 남편이 벌어오는 돈으로는 모자라고, 시댁에서 지원이라도 해주면 좋겠다고 한다. 당장이라도 나가서 내가 좀 벌고 싶지만 경력이 단절되었고 아이를 키워야 하니 나가서 일도 할 수 없다고 한다. 예전에 우리가 어릴 때는 동네에 부업하는 아줌마들이 많았는데 요즘은 인건비가 높아져 그런 부업도 없다며 집에서도, 폰으로도 월 200백을 버는 부업이라는 메시지가 오던데 그거나 할까 하는 실없는 소리를 한다.

 1980년대에 초등학교를 다니던 나는 동네 아줌마들이 모여서 하는 부업을 참 많이 보았다. 우리 집만 해도 그런 부업이 있었다. 드라마에서 제일 많이 나오는 부업은 인형 눈알 붙이기였다. 하얀 곰돌이 인형을 집안 가득 쌓아놓고 인형 눈을 붙이는 모습을 보며, 저 커다랗고 귀여운 인형을 하나 가질 수 있도록 엄마도 저런 부업을 하면 좋겠다는 생각을 했다.
 엄마는 어느 날 부업을 하겠다고 했다. 그러니 오늘부터 학교 마치고 집으로 바로 와서 엄마 일을 도우라고 했다. 인형이 오는 것인가 싶어 한껏 들떠서 집에 왔지만 엄마가 선택한 부업은 가방의 시접을 마무리하는 것이었다. 엄마는 그날부터 온 집을 가방으로 가득 채워버렸다. 앉을 자리도 없이 가방이 쌓여있었다. 밥은 차리는 둥 마는 둥 했고, 너희도 앉아서 이거 하라며 실밥을 뜯어라, 시접을 접어 넣으라며 손을 보태라 했다.
 퇴근하고 돌아온 아빠는 불같이 화를 냈고 당장 그만두라고 이거 해서 얼마나 버냐고 호통을 쳤다. 엄마는 한 달은 해볼 거라며 단호하게 맞섰다. 집에는 먼지와 실밥이 가득했다. 한 달이 평소와 다르게 더디 오는 듯했다. 드디어 한 달이 지나고 엄마는 부업으로 번 돈을 봉투에서 꺼내보며 한숨을 쉬었다. 경상도에서 나고 자란 엄마는 거친 사투리로 말했다.

"쌔가 빠지게 했는데 이걸 돈이라고 주나. 안 하니만 몬하네. 에이 도둑놈들."

엄마는 다시는 그 부업을 하지 않았다. 그래도 동네에는 부업하는 아줌마들이 있었다. 봉투를 접는 아줌마도 있었고 그물을 만드는 아줌마도 있었다. 인형은 귀여우니까 눈알을 백 개도 붙일 수 있을 것 같았던 초등학생은 인형 눈알 붙이는 부업을 찾아서 해보라고 권했지만 엄마는 다시는 부업 따위는 하지 않겠다고 했다. 그 돈 버느라 하루 종일 눈이 빠지고 집이 엉망이 되느니 덜 쓰고 말겠다고 했다.

2019년의 경단녀도 부업이 필요했다. 젖먹이 둘째를 두고 일을 하러 갈 수는 없었다. 하는 수 없이 집에서 하는 걸 찾고 있었지만 인형 눈알은 이제 사람이 아니라 기계가 붙이고 그것도 한국이 아니라 중국에서 물 건너오고 있는 상황이었다. 그래도 부업으로 할 만한, 집에서 할 만한, 폰으로 할 만한 월 200까지는 아니라도 50이라도 벌 만한 일은 없을까 찾고 있었다. 누구는 인터넷 쇼핑몰로 대박이 났고 공구를 해서 억대 연봉을 버는 아줌마의 성공 이야기를 책에서 읽으며 그런 쪽으로 알아보기도 했다. 쇼핑몰 하는 언니는 매일 열심히, 참 열심히 하지만 생각보다 수익이 나지 않아서 다른 일도 같이 하고 있다고 했다. 공구하는 SNS의 이웃에게 수익을 물었더니 자신도 용돈벌이나 하자는 마음으로 시작했지만 어떤 달은 용돈벌이도 안된다며 권하고 싶지 않다고 했다. 경쟁자가 한 명이라도 더 생길까봐 그렇게 둘러댄 것일지도 모르는 그들의 말을 다 믿은 것은 아니지만 안 해야겠구나 싶었다.

물론 내 능력이 모자라 해보지도 않고 나는 안 된다며 시작도 하지 않았던 것일 수 있다. 그런데 아무리 생각해도 나는 그 일들과는 맞지 않았다. 판매하는 일에는 자신이 없었다. 그래도 경단녀는 그만 하고 싶었고 집에서도 돈을 벌고 싶었던 그때 책으로 부업자리를 소개받게 되었으니 그 이름도 빛나는 주식투자자였다.

남편도 못하는 그 어렵다는 주식을
제가 하고 있습니다

주식투자자라고 생각하면, 흔히 넥타이를 맨 수많은 남자들이 빨갛고 파란 그래프가 가득한 큰 전광판 아래 컴퓨터 앞에 앉아 있는 모습을 상상한다. 굉장히 어려운 암호 같은 그래프를 보며 그들은 주식을 사고파는 일을 한다. 주식투자자라는 사람들은 대부분 남자를 상상하게 된다.

주식=남자라고 생각한다는 내게 고정관념이라고, 선입견이라고 나무랄 사람이 있을까? 주변 아줌마들을 만나도 주식은 잘 모른다고 남편이 알아서 한다고 했으니 말이다.

부업을 찾아 헤매며 책을 먹고 살 때 돈이 되는 책이 뭘까 찾기 시작했다. 부자학서와 성공학서에는 새벽에 일어나서 긍정적인 생각을 하고 얼마를 벌겠다는 걸 종이에 쓰라고 했지만 뭘 해서 어떻게 벌어야 할지 감이 잡히지 않았다. 책에서 하라는 대로 해서 성공했다는 또 다른 부자의 책을 읽었지만 그 사람이 하는 일이 나와 맞지는 않아 보였다.

대한민국은 부동산 강국이니 부동산을 사고팔고서 부자가 되는 길이 제일 안전해보이고 확실해보였지만 그럴 돈은 없었다. 부산에서도 낙동강 옆에 끼고 금정산 뒤로 한 집값도 싸고 크게 오를 일도 없는 동네에 사는 내게 부동산으로 돈을 버는 건 쉬워 보이지 않았다. 전세를 끼고 작은 아파트를 하나 사려고 해도 1억 정도는 있어야 가능했다. 그 1억을 모으다 보면 집값은 더 올라서 1억으로 전세 끼고 집을 사지 못할 가능성이 더 높았다. 그러다 주식투자자가 되어야겠다고, 마이너스에 마이너스만 기록하는 주식계좌를 소유한 내가 이걸로 돈을 벌어야겠다고 생각한 것은 순전히 책 덕분이었다.

주식계좌는 마이너스였다. 나만 그런 게 아니라 원래 주식은 그런 거라고 했다. 개미는 돈을 못 버는 거라고. 대한민국은 김치 디스카운트 때문에 돈을 못 번다고 했다. 단타를 잘하고 그래프를 보고 뛸 종목을 잡아내야 하지만 개미는 그렇게 못 한다고 했다. 초심자의 행운 덕에 계좌를 만들고 몇달 만에 꽤 많이 수익이 났던 나는 그 행운이 영원할 줄 알고 돈을 더 많이 주식계좌에 넣었다. 그러나 내가 산 주식만 떨어지는 신기한 과정을 겪으며 결국은 마이너스 계좌를 소유하게 되었다.

나중에 애들한테 유산으로 물려주자는 마음으로 쳐다보지도 않던 주식계좌였다. 그래도 뭐라도 좀 알고, 책이라도 좀 보고 시작했더라면 저렇게 마이너스 수익률은 아니지 않았을까 싶었다. 그때부터 읽기 시작한 주식서들은 어렵고 힘들었다. 흰색은 종이였고 검은색은 글씨였다. 빨간색은 상승이고 파란색은 하락이었다.

역시 주식은 남자들한테나 하라고 하고 난 그만 하려다가 그래프도 차트도 없는 주식서들을 만나기 시작했다. 주식 마인드서라고 해야 할까, 주식 인문학서라고 해야 할까 싶었던 책들이었다. 그 책들은 왜 주식을 해야 하고 어떻게 하면 주식으로 돈을 벌 수 있으며, 그래프도 차트도 보지 말고 주식을 해야 한다고 했다. 좋은 주식을 사서 오래 보유하라는 이제는 세상에 없는 오래 전 투자자들의 말이 좋았다. 차트와 그래프만 나오면 책을 덮게 되는 내게 주식은 그런 거 보고 사는 게 아니라는 말이 위로가 됐다. 부자는 시간이 만들어주고 단타로 부자 된다는 사람 말을 믿지 말라는 말에 믿음이 갔다. 그렇게 점점 주식서가 재밌어지고 주식서가 궁금해지기 시작했다.

주식서를 읽기 전 내가 했던 주식은 투자가 아니라 도박이었다. '올라라! 올라라!' 하며 산 주식을 매일 매시간 들여다보며 조금 오르면 기뻐하고 조금 떨어지면 괴로워했다. 제법 수익을 보고 나서는 시장이 좋아 오른 줄 모르고 내가 잘나서 수익이 난 줄 알고 더 많은 돈으로 주식을 사서 욕심을 내다가 마이너스 계좌를 소유하게 된 것이었다. 주식에 대해 다시 생각해야 했다. 주식은 안전! 안전! 안전! 한 종목을 골라 투자해야 했다. 10년 뒤에도 돈을 벌 기업을 찾아서 주가가 싸다고 생각할 때 주식을 모아서 10년을 보유하겠다는 마음이어야 했다. 1년에 10%라는 수익률은 그 어디에서도 보장해주지 않는 수익률이라는 걸 알고 만족해야 했다. 우량주, 배당주가 제일 좋은 주식이라는 걸 알게 되었다.

코로나로 대한민국의 주식장이 바닥을 치던 때부터 시작한 주식공부로 2020년 8월부터 매수를 하기 시작했다. 마이너스였던 계좌도 크게 손해 보지 않고 손절을 했다. 그때의 주식장은 잡으면 오르고 내일이면 상한가를 치던 때였다. 마스크 관련주나 코로나 치료제라는 이름만 붙으면 너도 나도 살 때였지만, 내가 읽은 주식서들은 그러지 말라고 했기에 차근차근 우량주를 모았다. 배당주의 꽃인 금융주들은 코로나장에서 제일 인기가 없었지만 책에서 배운 대로 우량주를 사서 모았다.

2021년 배당금을 받아보고 이게 내 길이구나 싶었다. 오를 주식을 사서 언제 오르지 언제 팔지 하는 게 아니라 좋은 주식을 싸게 사서 오래 들고만 있으면 되는 이 공식이 내게는 딱 맞았다. 2021년에 어떤 이는 주식으로 집을 샀다고 하고 다른 이는 주식으로 외제차를 샀다고 했지만, 나는 10%가 넘는 수익을 얻었다. 거기에 배당금까지 더하면 15% 이상의 수익률이었다. 나는 내가 배운대로 공식을 정하고 그대로 따라 하며 주식이 마냥 어렵지만은 않다고 생각했다.

2022년 주식장은 미국의 금리 인상과 환율의 급등과 반도체 수급 문제와 러시아의 우크라이나 침공 등으로 코로나 때만큼 하락했다. 어떤 이는 주식계좌는 쳐다도 보지 않는다고 했다. 다른 이는 주식앱을 지웠다고 하는 2022년에는 마이너스만 아니면 다행이라고 했지만 배당금만 4%, 돈이 필요해 눈물을 머금고 매도한 종목들의 수익률은 80%이다. 물론 마이너스인 종목들도 많이 있지만 매도한 수익률을 생각해보면 전체 수익률도 플러스라고 하니 주변에서 놀랐다. 이 기록들을 모두 내 SNS에 올렸더니 이웃들은 대단하다며 박수를 쳐주었다.

나보다 잘할 것처럼 주식을 시작했던 남편은 실험만 성공하면 대박난다는 주식과 친구에게 들은 정보가 있다며 산 주식과 앞으로는 바이오가 먹거리라는 뉴스를 보고 산 주식을 계좌에 모았다고 했다. 2022년 하락장에서 남편의 주식 계좌는 처참한 수익률을 기록하고 있었다. 그렇게 많이 읽고 배운 너보다 내가 산 주식들의 수익률이 훨씬 나을 거라고 큰소리 치면서도, 적은 돈으로 시작한 쫄보 남편이 고마웠다. 너보다는 나을 거라고 하면서 공부 없이 감으로, 운으로 투기하려고 했던 남편은 내게 말했다.

"주식은 네가 해야겠다. 왜 나는 사는 거마다 이 모양이냐."

나는 남편의 말에 이렇게 대답했다.

"그걸 이제야 알았냐고."

"주식은 내가 해야 하는 거라고."

"주식은 원래 아줌마들이 잘하는 거라고."

"남편보다 주식을 잘하는 주식하는 아주머니라고."

전업투자자가 되어보는 건 어떨까?

"네 부인의 이름이 전업투자자라면 어떨 꺼 같아?" 물으
니 남편은 "이름이 뭐가 중요하냐. 돈만 많이 벌면 전업이
든 부업이든 뭐라도 좋지." 하며 수익률을 물어오기 시작했
다. "돈 좀 벌었으면 차 좀 바꿔주라." "안마의자 사줘라."
하며 '엄마 100원만'을 외치던 어린애처럼 내 눈치를 보며
갖고 싶은 것들을 말하기 시작했다.

이 정도 수익이면 차 바꾸는데 돈을 좀 보탤 줄 수도 있었
다. 한 종목만 매도해도 안마의자 하나는 사주고 남을 만큼
수익이 났다. 주식을 전업으로 해볼까? 완전히 이 길로
들어가볼까 하던 때, 읽은 책에서 '전업투자가가 되고 싶다

면 직장에 다니는 것 이상으로 공부하고 노력해야 한다'는 구절을 만났다. 출근하지 않는 사람을 전업투자자라고 하는 것이 아니라 공부하고 노력해서 수익을 내는 사람이 전업투자자라 했다. 쉽게 봤다며 뒤통수를 한 대 얻어맞은 기분이었다.

주식은 아줌마가 하기에, 전업주부가 하기에 제일 좋은 부업이라고 말하며 절대로 단타하지 말라고 한다. 아이들 등원 준비를 하고 머리를 땋아주며, 밥을 한 숟가락이라도 더 먹이려 동동거리다 주식창을 열어서 사고팔고를 하다니 상상만 해도 무서우니까. "엄마!" 하고 부르는 소리에 매수와 매도를 헷갈리고, "똥 다 쌌어요." 소리에 금액을 잘못 누를 것만 같으니까.

그런데도 주식은 아줌마가 하기에, 전업주부가 하기에 제일 좋은 부업이라고 하는 이유는 등교와 등원을 하고 차분하고 조용한 마음으로 주식창을 열고 눈여겨보던 주식의 시세를 확인하고 공부할 수 있기 때문이다. 한 주 사서 지켜보다가 내 생각이 맞다면 더 살 수 있기 때문이다. 매일 주식창을 들여다보지 않아도 되기 때문이다. 그러니 주식은 아줌마가 집에서 하기에 딱 맞는 부업이라고 말한다.

　인간은, 특히 '나'라는 인간은 망각의 동물이라 수익이 좀 많이 났다 싶으면 역시 소질이 있다며 있는 돈을 다 주식투자에 넣어볼까 고민을 한다. 주식투자자가 부업이 아니라 본업이 되면 어떨까 하는 마음을 가지게 된다. 부업하겠다고 온 집을 마무리 안 된 가방과 실밥과 먼지로 가득 채운 엄마는 노력에 비해 턱도 없이 적은 수입에 분노했고 다시는 부업을 하지 않았다.

　주식투자는 운이 좋으면 큰 수익을 얻을 수 있지만 큰 손해를 얻을 수도 있다. 집안을 실밥과 먼지가 아니라 울분과 빈곤으로 가득 채울 수도 있다. 실밥과 먼지는 시간이 지나면 없어지고 재밌는 기억으로 가족들의 이야깃거리가 된다. 하지만 울분과 빈곤은 가족들을 불행하게 한다. 어쩌면 가족들이 함께 살지 못하게 될지도 모른다. 가족들과 행복하려고 주식으로 돈을 많이 벌고 싶었다고 말해봐야 소용없는 일이 될지도 모른다.

　N잡러로 살아야겠다고 마음먹은 것도 주식투자에 올인

하지 않기 위해서였다. 이것만이 수입이 된다면, 분명 여기에 목숨을 걸고 더 많이 벌고 싶다며 배운 걸 모른 척하고 세운 원칙을 지키지 않을 것이기 때문이다. 주식투자만이 내가 하는 일이 아니라 서평도 해야 하고 학교도 다녀야 하고 영어수업도 다니고 작가 노릇도 하다 보면 바빠서도 매일 주식을 사고 팔 수가 없었다. 적금처럼 꼬박꼬박 주식을 사서 모으며 계좌의 수익에 냉정해질 수 있었다. 이 정도로 좋은 주식이 이렇게 낮은 가격이라면 사야 된다는 걸 알았다. 내일 당장 상한가 간다는 주식을 알려준다고 해도 내가 배운 대로 세운 원칙대로 주식을 사고팔겠다며 'NO'할 수 있게 되었다. 그 바쁜 아침에 아이들에게 짜증내며 1%, 2%의 수익을 얻겠다고 주식창을 열지 않아도 되는 내 투자법이 좋았다.

전업투자자는 단타를 해야 하고 단타로 수익을 내야 한다. 단타로 수익을 내기 위해서는 주식장이 열리고 30분, 닫히기 전 30분에 그날 하루의 수익을 내야 한다. 능력 있고 실력 좋은 사람이라면 이런 방법으로 수익을 내고 부자가 되겠지만 빨리 벌고 많이 버는 길을 알지 못하는 나는 꾸준히 벌고 적당히 벌며 살고 싶다. 우량주 사서 장기투자하고 배당주 사서 배당금 받으며 1년에 10%의 수익률에 만족하며 살고 싶다. 주식을 사고 나서 떨어질까 걱정하는 것이 아니라 주식을 사고 나서 잊어버리고 살다가 몇년 뒤에 적금보다 나은 수익률에 기뻐하고 싶은 주식투자자가 되고 싶다면 내 꿈이 너무 소박하다며 비웃을 참인가.

네 번째 이름 주식하는 아주머니

하이얀 종이 위에 까아만 글씨로 주식에 대해 쓰여 있는 책들은 대부분 두껍고 표지부터 매력 없다. 글씨만 있다면 다행이지만 너무 많은 그래프와 차트는 수포자였던 학창시절을 떠올리게 하며 주포자가 되어야 하는 것일까 싶은 마음이 들게 한다. 자고로 주식서라 함은 그래프도 좀 나오고 차트도 좀 보여야 하는 것이라고 한다. 50% 이상을 차트와 그래프로 채운 책들도 있으니 주식서라 함은 수학 잘하는 사람들이 좋아하는 책인 듯하다. 이래서 주식은 남자들이 하는 건가 싶다.

어려운 주식서는 피하고 차트와 그래프가 많은 주식서도

피하다 보니 주식에 대한 생각과 투자 철학서들이 보였다. 그거라고 쉬웠겠냐마는 읽다 보니 조금씩 이해가 되었다. 이렇게 하는 게 주식인데 도대체 왜 아무도 이런 걸 알려주지 않았나 싶어 안타까웠다. 좀 쉽게 리뷰해보면 주식 초보들이, 특히 나 같은 아줌마들이 주식서를 읽고 투자하지 않을까 하는 마음에서 주식서 리뷰를 쉽게 하기 시작했다. 80년 전통의 순댓국집에 비유하고, 소개팅에 나온 키 작고 외모는 별로지만 착해 보이는 남자(내 남편)에 빗대기도 했다.

리뷰가 너무 재밌다를 넘어 사이다 같다는 소리도 자주 듣는다. 속 시원한 동치미 한 사발 마신 것 같은 리뷰라는 댓글을 달아주는 사람도 있었다. 주식서를 안 읽지만 내 리뷰는 꼭 챙겨본다며 주식서 리뷰는 찾아서 보고 저장한다는 이웃도 생겼다. 그렇다면 이름 하나 지어볼까 싶어 '주식하는 아주머니'라는 이름을 만들었다.

주.머.니.
'주식하는 아주머니,
주로 읽고 쓰는 아주머니'
라는 필명으로 살기 시작한 것이다.

경.공.주

'경제 공부하는 아주머니'

라는 이름으로 오프라인에 모임도 만들었다.

    주머니로 살면서 주식서의 서평은 더 정성으로 하고 경공주와 만나면서 한 사람이라도 책을 읽고 공부를 하고 주식을 하길 바라는 마음으로 내가 아는 것들을 풀어냈다. 겨우 2년 된 투자자가 알아야 뭘 알겠냐마는 대화를 하다 보면 그들은 내게 말했다.

    "역시 전문가라서. 전문가는 다르네요."

    전문가라니. 얼토당토않다고 손사래를 치고 싶었지만 생각해보면 주식을 하지 않는 사람 눈에는, 주식을 잘 모르는 사람 눈에는, 주식으로 손해만 본 사람 눈에는 나 정도면 전문가처럼 보일 것도 같다. 주식서를 100권 넘게 읽었지만 아직도 처음 세운 규칙과 투자방향이 흔들리기도 하는 아줌마지만 투기는 하지 않겠다는 마음으로 사는 투자자이다. 매력 없고 두껍던 주식서들을 100권 넘게 읽어낸 아줌마는 그래서 당당하게 말한다.

"주식 투자자입니다.

부업으로 주식하고 있습니다.

1년에 10% 수익률 목포로 하고 있습니다.

말 그대로 부업으로 하려고 합니다.

전 재산을 몰빵하지도 않고 한 종목에 올인하지도 않습니다.

우량주 장기투자하고 배당주 사서 배당금 모으고 있습니다.

10년 뒤에는 그 정도 수익률은 아무거나 사도 된다는 네 친구, 나한테 와서 주식 배우라며 비웃던 친구 남편들과 수익률을 비교해보고 싶습니다."

경.공.주.를 찾습니다

경제 공부하는 아주머니를 찾는다는 제목으로 지역 맘카페에 글을 올렸다. 혼자 하던 주식공부를 같이 하고 싶다는 마음이었다. 같이 공부를 나눠서 하면 공부할 양이 줄어들지 모른다는 얄팍한 마음도 있었다. 그러나 무엇보다 주식이라는 이 어려운 투자를 다른 사람들은 어떻게 하는지 궁금했다. 나보다 잘하는 사람이 있다면 만나서 배우고 싶다는 마음이 제일 컸다. 비슷비슷하고 고만고만한 경공주 1기는 그렇게 처음 만났다.

1기에는 나를 포함해 4명이 시작했지만 1명은 주식서와 경제서를 읽고 공부하는 게 어렵다며 포기했다. 3명이었지만 SES 못지않은 팀웍과 미모로 뭉친 우리는 수익도 내고 연말에는 최고급 호텔에서 자축을 하며 부자 흉내를 냈다. 비슷한 초보 수준이었지만 그런 사람 3명이 모여서 1년을 공부하다 보니 전보다 나아지고 있었다. 잘못된 투자법은 누가 봐도 고쳐야 함을 알기에 매수와 매도를 단톡방에 알리며 단타를 하거나 욕심으로 투기하지 않는지 서로 지켜봐 주었다. 그래도 초보끼리 만난 모임이니 선생님이 필요했고 꾸준히 사서 모은 주식서와 서평으로 받는 주식서를 나누어 읽으며 책을 스승 삼아 1년을 공부했다.

2기에는 2명 정도 더 모집한다는 글을 올렸다. 10명이 넘는 사람들이 함께하고 싶다고 한 2022년의 봄은 주식장이 조금씩 하락의 기미를 보이고 있었다. 쪽지를 보내서 자신이 산 주식만 왜 이리 떨어지는지 모르겠다며 개인적으로 좀 투자법을 알려주면 사례를 하겠다는 사람도 있었지만 그런 사람은 초대할 수가 없었다. 성실하고 꾸준하게 책으로 공부하고 장기 투자할 사람을 찾아야 했지만 댓글만으로 그런 성향을 알 수는 없었다. 사람이 품을 내고 시간을 내어 이런 글을 달고 모임을 한다는데 하겠다고 댓글만 달고 묻는 말에 하루 종일 답도 해주지 않는 사람 역시 뺐다.

오프라인 모임은 한 달에 한 번만 참석가능하다는 워킹맘은 눈물을 머금고 뺐다. 경제서 주식서가 읽기 쉬운 게 아니니 진짜 잘 생각해보고 참석하시라 하니 몇 사람이 스스로 빠져나갔다. 엄포를 하고 겁을 줬지만 살아남은 3명의 새로운 멤버들과 2기 경공주가 되었다. 우리는 베이비복스 못지않은 미모를 자랑하는 경공주라며 같이 공부하고 있다. 미모는 책으로 확인할 수 없으니 그냥 그렇다고 말하면 믿어주는 미덕을 가져주길 바란다.

투자클럽을 만들어 유료회비를 받고 가르치라고 주변에서 권유했다. 누구를 가르칠 실력이 되지도 않지만 주식투자를 가르쳐서 돈을 번다는 것이 이해가 되지 않았다. 주식을 잘 사서 팔면 힘들게 가르치지 않아도 되는데 왜 주식투자법을 가르치며 돈을 번다는 말인가? 투자클럽을 만들었고 경공주라고 부르지만 이 모임으로 돈을 벌 마음은 없다. 모임 때마다 회비를 모아서 연말에는 좋은 곳으로 가서 송년회를 하자고 하니 다들 좋다고 했다. 회비를 조금 더 모아

어려운 곳을 찾아서 기부를 하자고 하니 더 좋다고 했다.

경공주들은 얼굴만큼 마음도 예뻐서 서로의 투자를 돕고 공부를 나누고 있는 중이다. 돈을 많이 벌고 부자가 돼서 나만 잘 살면 된다는 마음이었다면 경공주를 시작도 하지 않았을 것이다. 같은 마음으로 공부해서 같이 부자가 되고 싶다는 마음을 먹으니 예쁘고 착한 경공주들이 모이기 시작했다. 돈을 주고 사람을 모아도 이렇게 모이기 힘들 정도로 좋은 사람들이 모여서 공부를 하고 정보를 주고받고 있다.

전직 공인중개사인 누가 봐도 자본가인 경공주에게 겸손함을 배운다. 1기부터 함께 해온 모델 같은 경공주에게 손이 큰 만큼 마음 품도 큰 넉넉함을 배운다. 책 한 권 안 읽고 살았다더니 책 좀 더 추천해달라는 미모의 경공주에게 성실함을 배운다. 모르는 게 없는 똑소리 나는 막내 경공주에게 당참과 야무짐을 배운다.

그리고 이 모임이 5기, 10기까지 계속 되면 좋겠다는 바람을 가진다. 부녀회, 어머니회 같은 이름보다 유명해져서 경공주가 전국에서 프랜차이즈처럼 이곳저곳에서 일어나면 좋겠다. 어떠한 가맹비도 이름에 대한 대가도 받을 마음이 없으니 주머니가 하던 경공주를 우리도 하겠다고 얘기해주면 응원 가득 담은 박수를 보내주고 싶다. 경공주가 되어서 경단녀는 그만한다는 말을 여기저기서 해주면 좋겠다.

이 정도 수익률이면 어때요?

주식한다고 하면 그래서 얼마 벌었냐는 질문을 제일 많이 받는다. 1년에 10%의 수익률을 목표로 한다고 하면 사람들은 2022년의 하반기 장에서 욕심이 과하다고 한다. 세계적인 경기침체와 금리인상으로 그런 수익률은 어렵다고 한다. 1년에 10%의 수익률을 목표로 한다고 2020년에 말했을 때 사람들은 그 정도 수익률은 지금 장에서는 아무거나 사서 일주일만 있으면 오른다고 했다. 그렇게 주식해서는 돈 못 번다며 1년에 10%라니 욕심도 없다고 했다.

불과 2년 만에 사람들이 변했다. 정말 2022년에도 10%

의 수익이 났느냐고 물어보는 사람도 있다. 설마 이런 장에서 수익을 봤느냐며 믿지 않는 사람도 있었다. 그래서 수익률을 SNS에 올렸다. 배당금 받은 것도 표로 만들어 올렸다. 올해 8월에 시아버지가 쓰러지시고 급하게 돈이 필요해 반 이상을 매도했고 수익률은 80%, 15%, 22%였다. 물론 지금 팔지 않고 보유하고 있는 종목은 마이너스인 것도 있다. 이 종목들을 10년 이상 가져가겠다는 마음으로 샀고 그래서 당분간은 팔 생각이 없다. 손실이 나지 않았다는 말은 아니지만 팔지 않아서 실제적으로 입은 손실은 없다.

내가 산 종목들은 대부분 고배당주라서 주가가 오르지 않아도 내년 봄이면 3% 이상의 배당금을 받을 수 있다. 계산은 잘 못하지만, 수학은 잘 못하지만 내 투자법이 제법 괜찮다고 생각한다. 1년에 10%의 수익이면 큰 거라고 말할 때는 듣지도 않던 2020년에 만난 사람들은 이제 와서 내게 묻기 시작한다. 배당주 뭐 사면 되냐고. 진짜 우량주 사면 손해 보지 않느냐고.

주식서가 새로 나왔다고 해서 보면 제목부터 자극적이고 돈 냄새가 난다. 《나는 주식으로 1억 벌었다》,《주식으로 10억 버는 법》,《회사를 그만두고 주식으로 부자가 되었다》

같은 제목들을 보고 있으면 이러니 사람들이 아직도 주식을 도박처럼 투기하듯 하는 게 아닌가 싶어 마음이 불편하다. 적금처럼 꼬박꼬박 주식을 사서, 나만의 펀드를 만들 듯 여러 종목을 사서, 배당금을 많이 주는 회사를 골라서, 10년 뒤에도 돈을 잘 벌 것 같은 종목을 찾아서 주식을 사야하는데 그러지 않는 사람들이 안타깝다.

그러나 그런 사람들이 사고팔고 해주는 덕분에 계좌에 차곡차곡 쌓이는 내 주식들은 천천히 조금씩 자라준다. 1년에 10%의 수익률을 목표로 한다고 하니 비웃던 사람들을 10년 뒤에는 깜짝 놀랄 수익률로 놀래주리라 믿어 의심치 않는다.

주식은 돈을 벌기 위해서 하는 것이고, 돈은 행복하게 잘 살기 위해서 버는 것이다. 순서를 잘 기억하자. 주식은 돈을 벌기 위해서고, 돈은 행복하게 잘 살기 위해서다. 행복하게 잘 살기 위해서는 열심히 일해서 번 돈을 떼이거나 억울하게 사기당하지 않아야 한다. 도박으로 날려버리거나 실수로 잃지 않아야 한다. 주식을 투기하듯 해서 돈을 잃지 않아야 한다는 말이다.

그렇다면 주식으로 돈을 얼마나 벌 수 있고 얼마를 잃어도 마상(마음에 상처를 입다)에서 그칠 것인지 정해고 시작하자. 나는 이 종목으로 부자가 되겠다는 마음을 버리자. 그런 일은 일어나지 않는다. 백마 탄 왕자님을 기다려봤으면 알지 않는가. 그런 일은 현실에서 일어나지 않는다. 내가 공주 정도의 외모를 타고 났다면 모를까. 몇십 배가 오를 주식을 골라서 전 재산을 몰빵 할 만큼의 투자 감각과 배포를 타고 났다면 모를까. 한 종목으로, 몇백만 원으로 부자가 될 수는 없다. 아닌데, 나는 그럴 수 있는데 내 주변에는 그런 사람 있는데 한다면 내게도 그 방법을 좀 공유해주길 바란다. 메시지를 보내준다면 그 내용이 정말 쓸모 있다면 사례할 마음도 있으니 꼭 알려주길 바란다.

일희일비하지 않고 돈에 너무 연연해하지 않고 투자법을 고집하지 않고 실수를 하면 고쳐가는 투자자가 되고 싶다. 수익이 나서 매도하면 적정 금액은 기부하고 내가 잘나서 수익이 난 것이 아니란 것을 알고, 누군가는 손해를 봤을지도 모른다는 겸손한 마음을 가진 투자자가 되고 싶다. 1년에 10%의 수익률을 남들이 비웃더라도 신경 쓰지 않으며 꾸준히 주식보유수를 늘려가고 싶다. 길게 보고 크게 보며 꾸준히 신문 읽고 책 읽으며 공부하는 투자자가 되고 싶다.

'1년에 10%라니, 정말 이 정도 수익률이면 끝내주지 않느냐 말이다.'

주식투자자가 되고 싶다면

새로운 직업을 얻었다는 마음으로 공부하자

처음 일하게 되었던 때를 기억하자. 쭈뼛거리며 내 자리 겨우 찾아 앉아서 선배들이 하는 말을 듣고 뭐 하는 회사인지, 내가 무슨 일 해야 하는 지를 배우게 된다. 길게는 몇 달 동안을 배우고 짧게는 몇 주를 배운다. 아무리 빨리 일을 시작했다고 해도 입사하고 몇 달 동안에는 혼자 할 수도 없고 제대로 된 일을 하지도 못한다. 신입이 실수를 해도 선배들은 너그럽게 봐준다. 처음엔 원래 그렇다고. 다음에 실수하지 않게 잘 보고 배우라고 한다.

주식투자도 이와 같다. 투자자가 되고 싶다면 회사에 입사했다는 마음으로 배우자. 몇 달은 주식을 사지 말고 배우자. 꼭 사고 싶다면 몇 주만 사자. 그렇게 몇 달을 책을 읽고 신문을 보고 주식 관련 영상을 찾아가며 공부하자. 공부하라고 했다고 종목을 족집게처럼 집어준다는 유트브 찾아다니지 말고 투자법을 배우자. 그렇게 배우다 보면 내가 어느 정도의 위치쯤인지 알게 된다. 적성에 맞는지 아닌지도 알게 된다. 적성에 맞지 않다면 과감히 주식투자를 포기하자. 적성에 맞다면 열심히 주식투자 공부를 하자. 돈 버는데 쉬운 일은 없다. 주식으로 돈 번 사람들을 로또 걸린 사람처럼 부러워하지 말자. 주식

최고 부자인 워렌 버핏은 아직도 매일 신문을 보고 공부를 한다. 책을 매일 읽으며 모르는 분야를 배운다. 힘들게 일해서 번 돈으로 더 많은 돈을 벌고 싶다면 힘들게 공부해야 한다. 그래야 더 많이 벌 수 있다.

수익률을 현실적으로 정하자

1년에 10%의 수익률을 목표로 한다고 했을 때, 2020년의 은행 예금금리는 1%대였다. 주식을 하지 않는 사람들은 진짜 그 정도 수익이 가능하냐고 했다. 주식을 사도 손해 보지 않을 자신이 있냐고 물었다. 은행은 이자가 적고 주식은 불안해서 못 하겠다며 1년에 10%를 보장해주고 원금도 보장해준다면 주식을 하고 싶다는 사람에게 그런 건 어디에도 없다고 말해주었다. 지금 주식장은 뭘 사도 오르고 10% 정도의 수익은 일주일이면 충분히 가능하다고 말하던 주식하던 사람도 보았다. 수익률을 너무 낮게 잡은 거 아니냐며 이런 상승장에는 크게 먹고 빠져야 한다는 사람도 보았다.

온라인 은행에서 7%의 적금을 며칠 전에 가입한 2022년의 12월 은행 예금금리는 '코카콜라맛있다맛있으면또먹지척척박사님께물어봅시다.' 하면서 고르기 하는 우리 딸의 주문을 빌려와서 골라도 될 만큼 아무거나 골라도 조건이 좋고 이율이 높다. 불과 2년 만에 돈의 흐

름이 바뀌었다. 그래도 내 수익률은 언제나 1년에 10%로 정했다. 그런 마음으로 주식을 사고파는 것이다. 아무리 상승장이라고 해도 올해는 100%의 수익률을 봐야지 하는 마음이 아니라 10%가 목표라고 생각하며 주식을 산다. 10% 수익만 보고 판다는 것이 아니라 그런 마음으로 주식장을 대한다. 그래야 욕심 부리지 않고 수익을 얻을 수 있다.

지금 같은 하락장이라고 해도 마찬가지다. 최선을 다해서 손해가 나지 않도록 하고 10%의 수익률을 냈다면 감사하게 생각한다. 그러다 보면 상승장에서는 10% 이상의 수익이 난다. 100%, 120% 수익도 났지만 그걸 다 그 해의 수익이라고 생각하지 않는 것은 하락장이 오면 수익이 안 날 수도 있기 때문이다. 어쩌면 손해가 날 수도 있으니 상승장의 수익에 얼씨구나 하면서 함부로 돈을 빼 쓰지도 않고 잘난 척하지 않는 것이다.

은행 금리가 높아 적금 이율이 높다지만 정기예금은 아직 4%대이고 내가 가입한 7%의 적금도 최대 300만 원까지만 불입이 가능했다. 그래서 나는 아직도 1년에 10%의 수익률을 목표로 하는 투자자이다. 1등 하겠다가 아니라 10등 안에 들겠다는 다짐을 한다. 그래야 5등도 가능하고 운이 좋으면 1등도 가능할 테니 말이다.

경공주에서 내가 자주 하는 말이 있다.

손가락이라도 하나 담그고 있어야 한다고. 주식을 하던 사람들은 손해가 나면 주식은 두 번 다시 쳐다도 보지 않겠다고 하다가 주식장이 좋다는 소문을 듣고 또 불나방처럼 달려든다고. 그러지 말고 늘 손가락 하나 정도는 담궈야 한다고, 모임에 나가던지 카페에 가입하던지 해서 꾸준히 주식에 대해 듣고 시장에 대해 공부해야 한다.

주식투자자가 되고 싶다면 손가락을 담궈도 좋을 만한 모임을 찾아서 살짝 담그기부터 해보자. 손가락 끝이 서서히 주식투자자라는 이름으로 물들게 된다.

20대의 나는 어리고 풋풋했지만 스타일도 없었고 내 체형이 옷 입는데 왜 문제가 되는지 모르겠다며 입고 싶은 대로 입고 다녔다. 어깨 넓고 뼈대 굵은 내가 입어서는 안 될 니트도 입어보고 운동부처럼 보이게 만드는 후드티도 입어보며 몇 번 입지도 못하고 옷장에 옷을 걸어놓기도 했다. 그렇게 스타일을 찾게 되었고 체형에 맞게 옷 입는 법을 배워나갔다.

40대가 되니 사람들은 뒷모습만 보고 나를 금방 알아봤다. 원피스와 치마를 즐겨 입는 덕분에 뒤에서도 나인지 금방 알아보겠다고 한다. 어떤 이는 이런 옷 입고 다닐 사람이 내 주변에는 너밖에 없다고 한다. 나이가 든다는 건 슬프지만 내 스타일을 찾았다는 것에 안도하게 된다. 실패와 실수가 쌓여서 내게 맞는 것들을 찾게 되었으니 크게 고민할 필요 없이 니트와 후드티 코너는 살짝 비켜가게 된다.

주식투자도 그렇다. 매일 주식창을 보며 단타로 투자하는 게 맞는 사람이 있고, 그렇게 하느니 주식을 사놓은 다음 수면제를 먹고 몇 년을 자고 일어나서 주가를 확인하는 게 낫다는 사람도 있다. 후자에 속하는 나는 그래서 장기 투자가 맞고 우량주가 맞다. 우량주 장기투자지만 주식장은 매일 확인하고 어떤 주식들이 오르는지 지켜본다. 내가 생각했던 것과 다르게 시장이 흘러간다면 언제든 주식을 매도하고 다른 주식으로 갈아 탈 준비를 한다. 장기 투자라고 해서 사놓고 모른 척이 아니라 꾸준히 관심은 가져야 한다는 것이다.

그러나 매일 사고팔고를 하며 수익이 눈앞에 보이는 것이 좋은 사람은 단타가 맞을 것이다. 단타를 하지 않는 내가 줄 정보는 없으니 단타가 맞다면 다른 책들 찾아보며 그렇게 투자하기를 바란다. 그러나 단타보다는 장타가 아이 키우며 살림하는 엄마들에게는 맞지 않겠느냐는 참견을 한 줄 남겨본다.

엄마, 영어강사 되다

HELLO, I'M BACK

아이 키우는 엄마들에게 3월은 두렵고 공포스럽지만 곧 다가올 행복한 자유로움을 기대하게 만드는 달이다.

집에만 있던 아이가 처음으로 어린이집과 유치원으로 가는 3월의 아침은 여기저기서 통곡소리가 들려온다. 노란 버스가 오기 전부터 우는 아이와 노란 버스를 타자마자 앉아서 우는 아이를 보는 엄마는 그 짧은 시간에도 12번은 더 생각을 한다. '그냥 보내지 말까. 내년부터 보낼까. 오늘만이라도 보내지 말까.' 손을 흔들며 울고 있는 아이를 보내 놓고 나면 일이 손에 안 잡힌다. 아침부터 울고 갔으니 마음이 얼마나 슬플까 걱정도 된다. 낯선 선생님이 울고 있는 아이를 잘 달래주지 않을까 걱정이고 그렇게 울다가 선생님 눈밖에라도 나면 어쩌나 걱정이다.

유치원으로 10년을 수업 나가던 나도 다르지 않았다. 우는 아이를 보내고 나면 마음이 불안하고 걱정이 되었다. 열에 아홉은 차에서 눈물을 그치거나 원에 도착해서 친구들을 만나면 눈물을 그친다는 걸 아는데도 그랬다. 나머지 한 명도 점심 먹기 전에는 분명 웃으며 잘 논다는 걸 눈으로 봤으면서도 아이의 엄마가 되니 생각이 달라졌다.

아이 키우는 엄마들에게 3월은 참으로 공포스러운 달이다. 적응 잘한 것처럼 보이던 아이가 갑자기 아프기 시작한다. 황사가 심하면 코가 막히고 바람이 불면 목이 붓는다. 열이 나면 해열제를 먹어도 떨어지지 않는다.

한 달에 어린이집에 가는 날보다 안 가는 날이 더 많은 것 같은 건 기분 탓일 거라며 애써 간 날을 셈해보지 않았다. 첫 아이 낳고 일을 하던 2년 동안은 열이 나지 않으면, 기운 없이 늘어지지 않으면 아이를 등원시켜야 했다. 친정엄마가 와서 봐주셨지만 3일 이상 아이를 봐달라고 말하기는 눈치가 보였다. 아이도 할머니와 있는 거 보단 친구들과 있는 게 낫겠지 싶어 약을 챙겨 보냈다.

나는 남의 아이들에게 가서 영어수업을 해줘야 했다. 할 수 있다면 계속하고 싶었지만 그 일도 내 아이가 힘들다면 그만둬야 했다. 유치원으로 등원시킬 3월이 다가오기 전에 결혼하고 2년간 해오던 수업을 그만하겠다고 했다.

결혼 전 8년을 유치원으로 영어수업을 나갔다. 첫 아이는 3월생이라 37주까지 일을 했다. 배가 남산만한 선생님이 수업을 끝내고 뒤뚱거리고 있으면 아이들은 배를 만지며 이 안에 아기가 있냐고 했다.

"아니야 선생님 똥이야." 하면서 깔깔거리고 웃던 아이들과 비슷한 수준이었던 나는 유치원 수업이 너무 좋았다. 아이들이 좋았고 영어가 좋았다. 아이들에게 선생님은 신과 같은 존재인데 신과 같은 존재가 그 어렵다는 영어를 한다니 더 대단하게 봐주었다.

대부분 태어나서 처음 본 영어선생님이 나였던 그들은 내가 영어를 제일 잘한다고 생각했다. 영어나라에서 왔느냐고 귓속말로 물어보기도 하고 우리 영어선생님은 외국 사람보다 영어를 잘한다고 집에 가서 자랑하는 친구도 있었다. 유치원에서 하는 영어를 너무 재밌어 해서 영어유치원으로 옮기기로 했다는 학부모 때문에 원장님께 적당히 하라고 한 소리 듣기도 했다.

유치원 영어강사로 사는 삶은 그랬다. 출근이 행복하고 퇴근이 아쉬웠다. 20대에는 그나마 체력이 되니 장점만 보였다. 30대가 되니 몸이 조금씩 힘들기 시작했다. 아이들과의 수업은 조용하고 차분하게 하는 수업이 아니라 시끄럽고 방방 뜨게 하는 수업이어야 했다. 수업마다 노래를 부르고 춤을 추고 게임을 해야 했다. 게임에 져서 우는 아이는 달래줘야 했다. 집에 오면 교구를 만들어서 수업을 준비했다. 부모 참여 수업을 해야 하고 발표회의 음악과 동작을 몇 달씩 익혀서 무대에 올려야 했다. 그러다 보면 1년이 지나 있었다.

평생을 하고 싶었던 일이었지만 현실은 그렇지 않았다. 체력적으로 힘들었다. 내 아이가 아프면 봐줄 사람이 없었다. 그렇게 일을 그만두었고 둘째를 낳아 키우면서 이제 유치원으로 수업 갈 일은 없겠구나 싶어 추억처럼 그 일을 그리워했다. 주식투자자, 작가, 서평가, 대학생으로 살고 있으니 다른 일은 할 수 없을 줄 알았는데 2022년의 2학기부터 다시 유치원으로 수업을 갔다. 대학등록금을 주셨던 시아버지가 쓰러지시고 나서부터였다.

남편은 공황장애를 겪으며 정신과 치료를 받고, 시어머니는 우울증으로 정신과 치료를 받고 있는 상황이었다. 시아버지는 유난히 가족애가 많으시고 오로지 가족밖에 모르시던 분이셨다. 그런 분이 쓰러지시고 나니 온 가족들이 다 같이 휘청거리고 아프기 시작했다. 시아버지는 핏줄이 아니라 괜찮을 줄 알았던 나도 그랬다. 길을 걷다가도 눈물이 나고 남편이랑 눈만 마주쳐도 오열했다.

22살에 친정아버지 돌아가시고 사회생활을 하며 돈을 벌며 살아온 나를 안쓰럽게 생각하셨는지 시아버지는 처음부터 이유 없이 나를 좋아해주셨다. 내가 하는 말은 늘 옳다며 내가 하고 싶은 건 다 하라고 하셨던 시아버지의 마음을 알고 있었기에, 나는 필요할 때만 살랑거리고 원하는 게 있을 때만 연락하는 약은 며느리였다. 그런 약은 며느리라도 양심의 가책은 있어서 눈물이 나고 슬픈 마음을 가눌 길이 없었다.

바쁘게 살다 보면 좀 나아지지 않을까 싶어 5년 만에 전에 일했던 회사(출판사에서 영어책을 유치원으로 납품할 때 교사를 함께 보내주는 경우가 대부분이다. 강사가 직접 일할 유치원을 찾는 것이 아니라 회사에서 스케줄을 짜주면 교재에 맞춰 수업을 준비해서 가면 된다)에 연락을 했다. 그 시절 잘 지냈던 본부장님은 이제 사장님이 되었고 다행히 자리가 있다고 하셨다. 일주일에 3일, 하루에 2시간 수업을 했다.

44살의 유치원 출강 강사는 가는 곳마다 20살쯤 어린 담임선생님들을 만났다. 30대의 원장선생님도 만났다. 다행인 것은 아이들은 예나 지금이나 순수하고 귀여워서 영어선생님이 44살이라고 해서 특별히 싫어하지는 않았다. 예전에는 공주같이 예쁘다고 좋아하던 여자 친구들이 있었지만 지금은 엄마 같다고 좋아하는 여자 친구들이 있다는 게 달라졌다.

영어나라에서 왔냐며, 영어 제일 잘하는 사람이라던 아이들 대신 유창하게 영어로 대답하고 물어보지 않은 말도 영어로 하는 아이들이 많아졌다. 동화책을 꺼내자마자 과외선생님과 읽어봤다는 친구들도 있었다. 화상영어를 2년이나 했다는 7세 친구는 엄마가 영어를 되게 잘한다는 묻지도 않은 정보를 주고 갔다. 아이들에게 영어선생님은 이제 신과 같은 존재가 아니고 영어가 낯설고 어렵지도 않은 것처럼 보인다.

그러나 아이들은 예나 지금이나 변하지 않고 순수해서 진심 앞에 약하다. 선생님은 옛날 사람이라 영어를 아무리 잘해도 친구들 수업 방해하면 싫다, 예의 없는 거 싫다고 하면 자세를 고쳐 앉는다. 마스크도 안 끼고 드러눕고 짜증만 내던 7세 남자친구는 마스크를 코까지 쓰고 수업이 끝나면 문을 열어주고 가방을 들어주며 내 눈을 바라보며 칭찬을 기다린다.

20대에는 깨끗하게 옷 입고 자세 예쁜 친구만 좋아하던 새침때기 선생님이었지만 40대가 되니 내 아이들 생각이 난다. 옷을 뒤집어 입은 고집쟁이도 좋고 드러누워서 날 좀 보소 하는 친구도 좋다. 코를 질질 흘리며 울고 있으면 닦아주고, 한 번 더하겠다고 게임이 끝날 때까지 소리치는 친구를 혼내고 나서 안아주며 다른 친구들도 다 같은 마음이지만 참고 있는 거라고 말해준다. 다음 시간에는 너를 1등으로 시켜줄 테니 이 비밀을 꼭 지키라고 하면 눈빛을 바꾸고 고개를 끄덕거린다.

이렇게 나이 많은 선생님도 괜찮을까 걱정했지만 20살이
나 어린 선생님들은 영어선생님이 너무 좋다고 회의 시간에
이구동성으로 칭찬했다는 소문을 원장님께 들으니 기분이
좋았다. 무거운 교구 가방을 매고 내려오는데 마주친 학부
형에게 인사하며 영어선생님이라고 하니 "어마, 우리 ○○
이가 너무 좋아해요. 유치원 오기 싫다고 하다가도 오늘 영
어하는 날이라고 하면 가요." 하는 어머니의 인사에 깃털을
맨 듯 발걸음이 가벼워진다.

다시 돌아간 유치원에서 행복한 시간을 보내는 사이 쓰
러진 후 의식 없이 누워 계시던 시아버지는 휠체어에 앉으
시고 묻는 말에 대답도 하신다. 아들을 보면 눈물을 흘리시
고 간단한 말도 하신다고 한다. 코로나로 예민한 병원 덕에
4개월이 지나도 며느리는 면회도 못 하고 있지만 일어나시
라, 건강하시라, 집으로 오시라는 응원을 글로라도 보내드
린다. 당신이 좋아하던 며느리가 쓴 책이 나올 때는 꼭 집
에서 만나자는 소원을 빌어본다.

유치원 다니는 엄마

"니네 엄마 요즘에 일해?"

"응, 우리 엄마 유치원 다녀."

"유치원 다닌다고? 유치원은 유치원생 다니는 데야. 하하하!"

"아니, 유치원 영어선생님 한다고. 호호호!"

10살 딸이 친구와 통화하는 걸 우연히 들었다. 별 것도 아닌 말에 웃는 걸 보니 초등학교 3학년은 다 큰 척해도 아직은 아이다. 이제는 똥과 방귀 이야기에 웃지 않는다며 정색하지만 별 것도 아닌 유치원 다니는 엄마라는 말에는 저렇게 웃으니 말이다.

엄마가 일하는 게 싫다던 큰아이는 자기 엄마가 다른 아이들을 가르치고 안아주는 게 싫다고 했다. 일하면서 아이들과 찍은 사진을 보면 기겁을 하고 싫어했다. 그만하라고. 엄마는 내 엄마만 하라는 큰아이 덕분에 일을 그만뒀고 둘째를 낳아 기르느라 5년을 쉬었다. 내년이면 둘째가 유치원에 가야 하는데 내가 먼저 유치원으로 가기 시작했다.

경단녀들이 쉽게 시작하는 일 중에 하나가 보육교사이다. 유아교육과를 졸업하지 않아도 보육교사 자격증이 있으면 유치원과 어린이집에서 일을 할 수 있다. 아이를 키우다 보니 이 일이 적성에 맞아서 하는 사람들도 있지만 옆집 아줌마가 한다니 같이 공부를 시작해서 자격증을 따고 일을 시작하는 경우도 많다.

전자인 경우는 일이 힘들어도 견딜 수 있다. 아이들을 좋아하면 참고 일할 수 있지만 후자인 경우에는 그렇지 않다. 내 아이 키우는 것도 겨우 하던 사람이 오로지 돈을 벌겠다는 마음으로 아이 기르는 일을 한다면 여간 어려운 일이 아니다.

몸이 힘들고 마음이 힘든 보육교사 일을 오로지 돈을 벌겠다는 마음으로 하겠다는 사람이 있다면 정말 말리고 싶다. 당신에게도 못할 일이고 아이들에게도 못할 일이니 자격증 딴 게 아깝더라도 다른 일을 찾으라고 정중히 말하고 싶다. 그래도 집에서도 하던 건데, 애들 보는 건데 뭐가 어렵겠냐고 호기롭게 말한다면 강하게 말리고 싶다. 집에서 내 아이한테 하듯이 화내고 짜증낼 것 같으면 시작도 하지 말라고 하고 싶다.

10년을 유치원과 어린이집으로 수업을 다니며 좋은 선생님들도 많이 봤지만 아이 엄마에게 전화해주고 싶을 만큼 나쁜 선생님을 보기도 했다. 다행히 지금 다니는 원에는 대부분의 선생님들이 존경스러울 정도로 좋다. 나라면 저렇게 못했을 텐데 싶게 아이를 사랑으로 대하는 선생님들을 보면 아무나 하는 일이 아니라는 걸 또 한 번 깨닫게 된다.

다시 일을 시작했다고 하니 알고 지내던 엄마가 연락을 해왔다. 결혼 전에 학원에서 중학생들 영어를 가르쳤다며 해보고 싶다고 하기에 아이들 가르치는 일을 좋아하느냐고 물었다. 일을 좋아서 하는 사람이 있느냐고 돈 벌려고 하지 유치원 수업은 시급도 많아 보이고 시간도 12시부터 4시 사이라니 아이들 학교 갔을 때 하기 좋을 것 같아서 해보려고 한다고 했다.

영어는 잘하니 걱정 말라고 하는 엄마에게 교구를 만들어야 하고, 준비를 이렇게 해야 하고 저렇게 수업을 해야 하고, 방학 때는 월급이 없고 참여 수업과 발표회는 무급으로 해야 한다고 했다. 유치원 수업인데 그렇게 많은 걸 준비해야 하느냐며 의아해 하는 그 엄마에게 유치원 수업이라 그렇다고 했다. 중·고등학생 수업을 할 때는 문제집과 팬만 있으면 되지만 유치원생들에게는 인형 같은 교구와 장난감 같은 교구가 필요하다고. 돈 주고 구입해도 되지만 다 구입했다가는 월급으로 감당이 안 되니 대부분의 교구는 만들어야 한다고 했다. 시급만 듣고 혹했던 전직 중등 영어강사는 자신과는 맞지 않겠다며 전화를 끊었다.

유치원이나 어린이집에서 일을 한다는 것은, 그 작은 친구들에게 온 마음을 쏟아야 하고 몸은 힘들어도 저 귀여운 녀석들 덕분에 한다는 마음이어야 한다. 아시다시피 그 일을 해서 큰돈을 벌지도 못하지만 생각보다 몸이 힘들고 마음이 힘든 일이 많다. 그래서 아이들을 별로 좋아하지도 않으면서 그 일을 하겠다는 사람이 있다면 나는 말리고 싶다. 내 아이가 다니는 유치원이나 어린이집에 그저 돈이나 벌어보겠다는 마음으로 오는 선생님은 없었으면 하는 노파심에서라도 그런 사람이 있다면 다른 일을 알아보라고 하고 싶다.

유치원 다니는 엄마로서 말한다. 남들이 다 한다고, 집에서도 하는 일이라고 쉽게 보지 말라. 말 한 마디, 눈빛 한 번에도 아이들은 다치고 상처받는다. 남의 집 귀한 아이들 아프게 하지 말고 다른 일을 찾아보시라. 세상에 쉬운 일은 없다. 아이들 돌보고 키우는 일을 쉽게 보고 덤비지 말았으면 좋겠다.

시급이 이렇게 높은데 월급은 왜 이래요?

유치원으로 출강 나가는 강사를 처음 시작한 곳은 살고 있는 부산이 아니라 창원이었다. 출퇴근이 가능하고, 부산에는 강사가 넘치지만 창원에는 강사가 모자라서였다. 창원은 대기업도 많고 공장도 많은 곳이라 젊은 인구의 유입이 계속 되고 있기에 유치원도 많이 생기고 있었다. 일자리 넘치는 곳이 창원이라는 말은 내가 수업을 다니면서 느끼게 되었다.

아침 10시부터 수업을 시작해서 유치원 방과 후 수업까지 하는 날은 4시 30분이 되어서야 수업이 끝났다. 17년 전에 일을 시작할 때 시급은 3만 원이었다. 창원은 부산보다 시급이 높았고 수업도 많았다. 5일을 꽉 채워서 수업을 하면 중소기업에 다니는 또래 친구들이 받는 월급보다 많았다.

돈을 많이 준다고 시작한 일은 아니었지만 '그래도 많이 벌면 좋지'라는 마음으로 부산에서 창원까지 출퇴근을 8년 동안 했었다. 매일 써야 하는 도로비와 기름값 등을 생각해 보면 부산에서 조금 덜 받고 수업하는 게 더 경제적이라는 생각을 한 건 결혼하고 나서였다. 매일 아침 막히는 출근길에서 혹시나 지각할까 발을 동동 굴리는 불안함도 가까이에서 수업을 했더라면 없었겠구나 하는 것도 부산에서 수업을 다니며 알게 되었다.

시급은 몇 년 뒤에 조금 더 올랐다. 수업을 다니던 원의 원장님들은 내가 수업을 해주는 조건이어야 교재를 계약하겠다고 하니 회사에서도 멀리 다니는 편의를 봐줘서 남들이 다 부러워하는 주 4일 수업을 했다. 그렇게 12달을 다 월급을 받았다면 이 일의 단점은 크게 없을 텐데 강사인 내게는 여름방학과 겨울방학에는 월급이 나오지 않았다.

일을 하러 가지 않는다고 돈을 안 쓰는 것도 아니고, 매달 나가던 지출이 없어지는 것도 아니기에 월급이 나오지 않는 방학이면 곤궁하고 힘들었다. 한 달만 하는 아르바이트를 찾을 수도 없었다. 어린이집은 방학이 일주일만 하고 끝난다. 그래서 수업을 하러 창원으로 가야 했다. 유치원 수업을 하는 김에 옆에 있는 작은 어린집의 수업을 하고 있었는데, 한 달 방학하는 유치원과 달리 어린이집은 방학이 일주일이라 그 수업이 걸림돌이 되어 여행도 못 가고 다른 일도 하지 못 했다.

어영부영 몇 년이 지나고 나서야 월급을 연봉으로 계산하기 시작했다. 10달 받는 월급을 12달로 나누니 또래의 중소기업 다니는 친구들보다 적은 월급이었다. 더 속상한 것은 몇 년이 지나자 또래들은 회사에서 승진을 하고 월급도 높아졌는데 나는 시급은 조금 올랐지만 크게 변화가 없었다. 여전히 일 년이면 10달만 수업을 하고 월급도 10달만 받아야 했다. 4대보험도 보장되지 않았다. 물론 알고 시작했지만 그런 것들을 다 포기하고 받는 월급이 너무 적다는 걸 깨달은 것도 몇 년이 지나서였다. 젊은 선생님 구하기 힘들다던 사장님의 푸념은 그래서였다. 이 일은 본업으로 하기에는 적은 월급과 보장되지 않는 4대보험이 단점이었다. 그러나 이미 시작한 일이었고 일 자체가 너무 즐거웠던 나에게는 크게 문제가 되지는 않았다. 벌이가 적으면 덜 쓰면 된다고 생각했고, 유아교육과 안 나오고 유학도 안 다녀온 나를 받아준 회사와 유치원이 있다는 것만도 좋았다.

사람의 마음은 생각보다 전달이 잘되는 모양이다. 나는 회사에서도, 수업을 다니는 원에서도 동료들에게 많은 도움을 받았고 예쁨 받는 선생님이었다. 일하러 가는 게 행복한 사람이 얼마나 되겠느냐는 마음으로 즐겁게 출근했으니 그 것만으로도 충분했구나 싶다.

큰아이를 낳고 부산에서 일을 시작하면서는 하루에 3시간만 수업을 했다. 집에서 10분 거리의 유치원과 어린이집만 수업을 갔다. 방과 후 수업은 하지 않았다. 내 입맛에 맞게 수업을 하다 보니 월급은 미혼 시절에 받던 반 밖에 안 되었다. 서른이 넘어서 하는 수업은 체력의 한계를 느끼기에 충분했다. 하루 3시간 수업을 하고 와서 소파에 3시간을 누워 있어야 했다.

5년 후 다시 시작한 지금은 하루 2시간 수업을 하고 주 3일만 수업을 하고 있다. 월급은 미혼 시절의 3분의 1정도 밖에 되지 않는다. 체력이 받쳐주는 만큼의 수업만 하고 있다. 그나마 다른 일들로 돈을 벌고 있으니 한 가지 일로 욕심내지 않겠다고 마음먹었다. 최저 시급이 9,160원이였는데 시급 4만원을 받는다면 4배나 많이 받느냐고 놀라는 사람들에게 매번 설명을 한다. 1년에 10달을 받는다고. 4대 보험이 보장되지 않는다고. 하루에 2시간만 일한다고. 시급이 높다고 월급이 높은 건 아니라는 말을 한다. 시급만 듣고 혹해서 일해 볼까 하던 사람도 이런 설명을 듣고 나면 대부분이 포기하고 돌아선다.

'을' 중에 '을'이 유치원 출강 강사입니다

한 번도 갑의 위치에서 있어본 적이 없었다. 학교에서는 학생이라 을이었다. 직장생활을 할 때는 당연히 을이었고 결혼을 하면 동등할 줄 알았지만, 나는 을이라고 생각하고 남편은 지가 을이라고 생각하는 갑이 없는 갑을 관계 부부로 살고 있다. 아이를 낳고 부모가 되어도 그랬다. 아이들 눈치를 보고 시녀처럼 먹을 걸 갖다 바치고 기분을 살피며 모시고 살고 있다. 갑질할 곳이라곤 친정엄마뿐이었다. 바쁜데 전화하지 마라, 김치 없다, 애 좀 보러 와줘라 하며 못된 갑질을 해도 봐주는 건 엄마뿐이었다.

엄마한테 너무 갑질을 한다고 생각한 하늘이 내린 인과응보인지 유치원 출강 강사는 을 중의 을이다. 영어수업 중에 아이가 게임에서 졌다고 운 적이 있다. 담임선생님은 뭐가 바쁜지 계속 교실에 없었다. 아이를 달래주고는 별일 아니겠지 하며 수업을 마치고 집으로 돌아가는 길에 유치원에서 전화가 왔다. 혹시 오늘 수업시간에 아이를 때린 적이 있냐는 것이었다.

그럴 리가 있느냐. CCTV도 있지만 내가 아이를 때릴 사람이냐 했더니 유치원에서도 당연히 그렇다고 생각하지만 울었던 아이의 어머니가 수업 영상을 보여 달라는데 그래도 되느냐고 물었다. 절대 그런 일 없으니 보여드리라 하고 차를 돌려 유치원으로 갔다. 다리에 힘이 풀리고 운전을 어떻게 해서 갔는지 기억도 나지 않지만 어찌해서 도착을 했다.

아이 어머니는 이미 영상을 확인하고 집으로 갔다고 했다. 영상에는 전혀 그런 내용이 없었고 내가 우는 아이를 달래주는 영상까지 있어서 그 어머니도 아무 말 못 하고 돌아갔다며 이해하라고 했다.

"그 엄마 좀 그래요. 담임선생님한테도 이상한 소리 많이 해요. 마침 담임선생님이 수업시간에 안 계셨다고 하니까 우리가 뭐라고 할 말이 없는 거야. 선생님도 너무 기분 나쁘게 생각하지 말아요."

말을 듣고 있으니 유치원에서도 내가 때렸을지 모른다는 의심을 하셨다는 말 같았다. 그때 전화벨이 울리고 영상을 확인하고 간 어머니가 전화를 해서 담임선생님을 찾았다. 선생님은 어머니와 통화를 하다가 옆에 영어선생님 계신데 통화하겠느냐 물으셨다. 사과를 하려나 싶어 전화를 건네받았다.

"선생님. 저 ○○이 엄마예요. 저는 우리 아이가 없는 말 했다고 생각하지는 않아요. 물론 오늘은 게임에 진 게 분해서 조금 과장한 거지만 선생님이 평소에 거친 행동을 하셨거나 때릴지도 모른다는 위협을 하신 건 아닌가 싶어요. 그러니 앞으로 더 친절하게 대해주셨으면 좋겠어요."

자기 할 말만 하고 그렇게 전화를 끊은 그 엄마 덕분에 나는 유치원에서 대성통곡을 했다. 당장 일을 그만두겠다고 원장님께 말씀드렸다. 부산에서 창원으로 출퇴근을 하면서도 지각 한 번도, 결석 한 번도 안 한다고 예뻐라 하시던 원장님은 그 엄마 좀 그렇다 네가 이해해라. 억울해도 어쩌겠냐 네가 참아라. 지금 그만두면 다른 아이들은 어떡하느냐며 달래셨다.

  그렇게 예뻐하셨으면서 곤란한 상황이 되니 나를 믿지 못
하고 네가 정말 때렸는지 모르니 영상을 봐도 되겠느냐고
묻는 것도 일을 그만두겠다는 이유 중의 하나였다. 일주일
에 2번 영어수업에서, 25명의 아이들이 보는 앞에서 아이
한 명을 때릴 수 있다는 생각을 하는 사람들이 놀라웠다.
아이의 거짓말을 그저 과장이라고 말하고 덮고 넘어가는 어
른들이 더 잘못이라고 생각했지만 나는 을이었다. 일을 그
만두는 것 말고 할 수 있는 것은 없었다. 하지만 그마저도
학기 중에 일을 그만두면 아이들은 어쩌느냐는 으름장에 그
만둘 수도 없었다.

  어쩌다 그런 일 한 번 생겼겠지 하겠지만 이런 큰 일 말고
사소한 일로 을이 되는 경우는 얼마든지 있었다. 날씨에 대
한 수업을 하던 날, 분무기로 비를 만들어주고 아이들과 함
께 "It's rainy day"를 외쳤다. 아이들은 빗속을 뛰어놀며 즐
거워했다. 다음 수업을 하러 갔더니 담임선생님은 아이 양
말이 젖었다고 그런 수업 하지 말라고 한 엄마가 있다며 분
무기 사용을 금지시켰다.

담임선생님은 그 엄마에게 한 소리를 들은 게 나 때문이라고 생각했는지 기분이 별로 좋아보이지 않았다. "미안하다", "죄송하다" 소리를 하고 나오면서 내가 뭐가 미안하지 싶었지만 나 때문에 싫은 소리를 들었으니 내가 미안한 게 맞다며 나를 이해시켜야했다.

발표회를 준비하면 늘 아이들 배역 때문에 힘들었다. 담임선생님과 계획을 하고 몇 번씩 생각하고 고민해서 정하지만 불만인 엄마는 늘 있었다. 아이는 불만이 아닌데 내 아이가 왜 주인공이 아니냐며 불만스러워하는 엄마도 있었다. 수업이 너무 시끄럽다는 곳도 있었고 100% 영어로만 수업을 해달라고 하는 곳도 있었다. 다음 수업부터 조용하고 차분하게 수업을 하면 5분도 집중하기 어려운 아이들은 여기저기서 졸음 공격을 당해 픽픽 쓰러졌다. 한국말도 잘 모르는 5세에게 100% 영어로만 수업을 하면 반드시 한 명은 울었다. 선생님 무섭다며 울었다. 영어 싫다며 우는 아이를 한국말 잘한다고 이거 보라며 달래야 했다.

수업 외의 유치원 행사에 오라면 오고 가라면 가야 했다. 참여 수업이나 발표회는 대부분 주말에 하지만 근무시간 외 임금을 받을 수는 없다. 마음씨 좋은 원장님은 목욕비 하라

며 봉투를 주시지만 대부분은 영어수업을 해주는 선생님이
해줘야 하는 당연한 서비스라고 생각했다.

유치원으로 수업을 가는 미술선생님, 음악선생님, 체육선
생님, 영어선생님은 을이 될 수밖에 없다. 아이들을 즐겁게
해주는 건 기본이고, 담임선생님의 눈치를 봐야하고 원장님
의 기분을 살펴야 한다. 수업도 보지 않은 학부모들이 수업
에 대해 평가하거나 별로라고 할까봐 전전긍긍한다. 원장님
은 올해 잘해야 내년에 선생님이 좋아서 재계약하겠다는 말
씀을 회사에 할 것이다. 내일도 수업을 하는 도중에 원장님
이 스윽 들어와 뒤에서 팔짱을 끼고 지켜볼 것이다. 그러니
목청 높여 더 열심히 해야 한다.

어른들에게 을이 되어야 하는 상황은 서럽고 울컥하기도
하지만 아이들에게 을이 되는 상황은 언제나 즐겁다. 수업
준비를 해서 갑인 것처럼 큰 소리를 치며 게임을 시켜주고
책을 읽어주지만 사실은 기분 좋은 을이 된다.

게임을 하다 다치면 안 되니 반칙인 걸 알지만 몰래 손을
잡아준다. 팀을 나눠서 게임을 하다가 팀이 지면 내가 진

것처럼 대성통곡하는 아이를 수업이 끝나면 몰래 불러내서 비타민 사탕 하나를 입에 쏙 넣어주고는 비밀을 지키라며 "쉿!" 하고 손가락을 입에 갖다 댄다. 그러면 아이는 암호를 알아듣고 고개를 끄덕인다. 몸이 아픈지 마음이 힘든지 축 늘어진 아이를 불러서 무릎에 앉혀서 무슨 일인지 물으면 한참을 이야기 하다가 "… 그런데 엄마" 하고 부를 때는 나도 모르게 "응" 하고 대답해주게 된다.

사실은 을이지만 아이들한테는 갑처럼 보여야 함으로 친구를 때리면 무섭게 나무라고 코딱지 파서 먹으려는 모습을 포착하면 웃음을 참으며 휴지에 싸서 버리라고 해야 한다. 을 중의 을, 유치원 출강 강사라지만 아이들한테는 얼마든지 을이 되어주고 싶다. 그러나 그들만은 그걸 몰라야 함으로 무서운 척, 위엄 있는 척도 할 줄 알아야 한다. 아이들에게 을이 되는 게 행복해야 할 수 있는 유치원 출강 강사라는 직업이다.

다섯 번째 이름 영어강사

5년 만에 먼지 쌓인 교구를 꺼내 보니 아무래도 못 쓸 것 같다. 17년 전만 해도 아이들은 펠트와 종이로 만든 교구를 좋아했지만 지금은 안 그럴 것 같다. 우리 집 아이들만 해도 장난감이 넘치고 귀한 줄을 모르니 펠트 인형과 종이 교구를 꺼내줘도 별 반응이 없었다. 지금은 책만이 아니라 태블릿과 온라인으로 수업을 하는 시대이니 나처럼 옛날 선생님의 수업을 좋아할까 걱정됐다.

다행스럽게도 아이들이 진심과 사랑에 약한 건 예나 지금이나 변함이 없었다. 이 사람이 자신을 좋아한다는 진심을 알고 나면 나이가 많다고, 흰 머리가 있다 해도 상관이 없는 모양이었다. 영어선생님 좋다며 치맛자락을 잡고 늘어지는 친구가 한 달도 되지 않아 생긴 걸 보면서 다시 하길 잘했구나 싶었다.

다시 영어강사가 되었다고 하니, 친정엄마는 목 아프게 그 무거운 교구를 들고 다닐 거냐? 40이 넘어서도 코 묻은 돈이나 벌 것이냐고 걱정을 했다. 엄마가 기억하는 나는 하루에 6시간 수업을 하고 와서는 목이 아파서 약을 달고 살았으니까, 교구가 무거워 자꾸 찢어지는 가방을 6개월이 멀다하고 바꾸고 살았으니 그럴 만도 하다. 이제는 하루에 2시간만 수업을 하니 목도 아프지 않고 일주일에 3일만 수업을 한다 해도 엄마의 걱정은 끝이 없다.

돈이 없어서 다시 일을 하느냐, 주식해서 돈 벌었다더니 그 돈 다 어디 갔냐는 49년생인 70대의 엄마 세대는 돈 걱정 없이 집에서 아이 키우고 살림하는 여자 팔자가 제일 좋다고 생각했으니까. 결혼해서 아이 낳고 일을 안 하니 딸 팔자가 좋아졌다고 생각하던 엄마는 다시 일한다는 소리를 듣고는 딸의 팔자를 걱정하기 시작했다.

그런가? 내 팔자가 안 좋아진 건가 싶은 생각을 잠깐 했다. 남편이 벌어주는 돈으로 전업주부나 하면서 편하게 살아야 좋은 팔자인가 싶다. 하지만 일하고 싶은데 할 곳이 없는 팔자야말로 안 좋은 게 아니냐고, 일하고 싶다니 바로 자리가 생기는 내 팔자야 말로 좋은 팔자가 아닌가 싶다.

전에 하던 일이니까 쉽게 하는 게 아니겠냐고 할지 모르지만 그 전에 수업을 엉망으로 하고 그만뒀다면, 회사에 폐를 끼치고 그만뒀다면 다시 이 회사에서 일하기는 어려웠을 것이다. 다른 회사를 찾으면 되지 않느냐 할지 모르지만 이 바닥 알지 않는가? 다 뻔하고 사장님들끼리는 다들 알고 지내기에 큰 사고를 친 선생님은 서로 공유를 한다. 이런 사람 조심하라며 메일을 보낸다.

언제 어디서 다시 만날지 모른다는 마음으로 마무리를 항상 좋게 하고 일을 그만뒀기에 다시 일할 기회가 왔다고 생각한다. 내가 손해를 보더라도 다른 사람이 나 때문에 피해를 입지 않아야 한다고 생각했다. 내가 수업을 못 하고 태도가 안 좋으면 회사에도 손해를 입히는 것이니 최선을 다했다. 그런 마음이어서인지 5년 만에 연락해서 수업을 하고 싶다고 해도 흔쾌히 그러라 하며 믿고 맡겨주셔서 수업을 할 수 있었다.

성격이 팔자다. 타고난 팔자를 못 바꾸는 것이 아니라 타고난 성격을 못 바꾸는 것이다. 성격이 좋으면 팔자가 좋다. 성격이 불같으면 팔자도 불이 나고 성격이 나쁘면 팔자도 나쁘다. 팔자 걱정을 하는 엄마에게 내 팔자는 원래 이렇게 시끄럽고 말도 많고 솔직하고 잘 웃고 잘 우니 아이들과 수업하는 유치원 영어강사가 딱이라고 말한다면 엄마가 믿어줄까? 집에서 아이 낳고 일을 안 하던 팔자도 좋지만 일하고 싶을 때 할 수 있는 이 팔자야말로 남들이 부러워하는 팔자라고 말하면 믿어줄까? 팔자 좋은 엄마 딸은 다시 영어강사라고 불리는 것이 행복하다고 누가 좀 믿음이 가게 우리 엄마한테 말해주면 좋겠다.

유아 영어강사가 되고 싶다면

영어를 어렵지 않게 구사하고 아이들을 좋아해야 한다

영문과 나오고 유학을 다녀오면 더 없이 좋겠지만 꼭 그러지 않아도 된다. 영문과 나와서 카페를 경영하는 사람도 있고, 영문과 나와서 보험설계사하는 사람도 내 주변에 있다. 영문과 안 나왔다고 영어강사 못 하란 법은 없다.

그래도 기본적인 영어는 할 줄 알아야 한다. 호텔에서 근무하던 2년 동안 나는 외국인 손님들이 장기 투숙하는 곳에서 일을 했고 매일 영어로 말을 해야 했다. 같이 근무하던 선배 언니는 여기서 일하면 유학 안 가도 될 정도로 영어실력이 늘 거라 했고, 덕분에 일상적인 대화는 어렵지 않은 정도이다.

유치원 수업할 정도의 영어라면 자신 있다고 했지만 막상 수업을 해보니 그렇지가 않았다. 정확한 문장으로 제대로 된 발음을 알려줘야 했다. 100% 영어로 수업해달라는 유치원도 있으니 영어실력은 기본적으로 갖추어야 한다. 그러나 그것보다 더 큰 조건은 아이들을 좋아해야 한다는 것이다.

유치원생 아이들이 오글오글 모여 있는 모습이 징그럽다고 말하던 선생님이 있었다. 수업을 오면서 아메리카노 한 잔을 손에 들고 영자신문을 가지고 와서 수업 전후에 커피를 마시며 신문을 보는 선생님은 미국에서 10년을 살다 와서 영어는 원어민만큼 유창했지만 2달도 안 돼서 선생님 바꿔달라는 요청이 들어왔다. 그분은 유치원생들 너무 말을 안 듣는다며 일을 그만두겠다고 했고 대신 수업을 한 선생님은 영어실력은 조금 못하셨지만 아이들과 잘 어울리는 성향이라 유치원에서도 만족하셨다.

여러 번 강조하지만 아이들을 좋아할 자신이 없으면 할 수 없는 일이다. 단지 돈이 아니라 아이들과 노는 게 즐거워야 할 수 있는 일이다. 영어를 못 한다면 힘들지만 영어를 아무리 잘해도 아이들 좋아하지 않는다면 절대 할 수 없는 일이다.

도움이 되는 자격증을 준비하자

일을 하면서 꾸준히 공부하고 TESOL(Teaching English to Speakers Other Languages) 과정을 부산대학교에서 이수했다. 영어를 모국어로 하지 않는 사람들에게 영어를 가르치는 과정을 이수하면서 하루 4시간씩 180시간을 100% 영어로 수업을 들었다. 그 수업이 아이들을 가르치는데 크게 도움이 된 것인지는 모르겠지만 해마다 새로운 원으로 수업을 갈 때마다 이력서를 써야하는 출강 강사에게는 큰 도움이 되었다. 영문과, 유학을 따지던 원장님들도

TESOL 있다고 하면 정확하게 뭔지 모르지만 영어강사 자격증 같은 건가 보다 하며 고개를 끄덕였다.

보육교사 자격증이 있다면 유치원에서 수업하기가 훨씬 편하다. 유치원으로 출강 나가는 강사들 중에 유아교육과를 나와서 유치원에서 근무하던 분들이 꽤 많은 이유는 원장님들이 선호하기 때문이다. 아이에 대해 잘 알고 유치원에 필요한 교육이 무엇인지 알고 있는 강사를 싫어할 원장님은 없다. 그러니 원장님들은 보육교사 자격증이 있는 강사를 없는 사람보다 더 선호한다.

시급에 '혹' 하지 말고 현실적으로 계산하자

출강 강사의 시급은 3만 원~4만 5천 원 사이로 천차만별이다. 회사마다 다르고 경력마다 다르다. 경력직 출강 강사는 출판사에서 시연 수업을 보고 뽑는다. 경력이 없는 초보 강사를 뽑을 때는 유치원 영어 수업과 관련된 학과를 나왔거나 자격증이 있는 사람을 선호한다.

초보 강사에게는 회사에서 교육을 해주지만 그 기간 동안은 월급이 나오지 않는다. 처음에는 이 부분이 제일 이상하고 교육기간이라 월급이 나오지 않는다는 게 이해가 되지 않았다. 하지만 열악하고 힘든 출판사 사정은 1년이 지나기도 전에 알게 되었다. 교육을 해주시는 선배 강사들마저 무급으로 후배들에게 교구와 수업 노하우를 풀어주고 있었다.

유치원 수업을 위해 교육을 받는 시간은 회사마다 다르지만 평균 신입 강사의 경우 1달에서 2달 정도이다. 일주일 한두 번 2~3시간 정도 교육을 받는 것도 회사마다 다르다. 그렇게 무급으로 교육을 받아서 3월이 되면 유치원으로 수업을 가야하는데 스케줄을 짤 때 욕심을 부려서는 안 된다.

회사에서도 초보 강사에게 많은 수업을 주지는 않겠지만 첫 해에는 내가 할 수 있는 능력의 70%정도만 하는 것이 좋다. 체력이 받쳐주고 열정이 넘치는 나이라면 하고 싶은 만큼, 준다는 만큼 수업을 받아도 좋지만 수업을 마치고 집으로 가도 아이를 돌보고 집안일을 해야 하는 우리 처지를 생각해야 한다. 돈에 '훅'하지 말고 조금씩 수업을 늘려가야 한다. 내가 20대에 수업을 다닐 때만 해도 오전에 수업이 가능했지만 이제는 유치원 특강 수업은 12시 이후로 해야 한다. 그래서 방과 후까지 수업을 한다고 해도 하루에 수업할 수 있는 시간은 최대 4시간 정도이다. 이마저도 내가 원하는 대로 주 5일 다 4시간을 꽉꽉 채워서 하는 경우는 잘 없다.

수업에 쓰이는 모든 교구는 개인적으로 준비해야 한다. 올해 핼러윈에 내가 사탕 값으로 쓴 돈은 10만 원이 넘는다. 월급 받아서 사탕 값으로 다 쓸 거냐고 남편이 뭐라고 해도 아이들이 사탕 받고 좋아하는 게 좋아서 풍성하게 준비해서 나눠주었다. 1년에 한 번 착한 아이들에게만 선물을 주시는 산타할아버지와 친하다고 아이에게 '울면 안 돼'를 강요했으니 할아버지가 주랬다며 크리스마스 선물도 준비한다. 사탕 값보다 더 많이 들겠지만 그 작은 선물 하나에 세상을 다 가진 듯한 표정을 하는 아이들을 보는 게 좋아서 하지 않을 수가 없다. 시급 높은 이 일을 선택한다면 시급이 높아도 돈은 많이 벌지 못할지도 모른다는 현실을 알아야 한다.

금손을 준비하자

유치원 수업에는 무기가 필요하다. 하나만 필요한 게 아니라 수업마다, 주제마다 다른 무기가 필요하다. 튼튼한 무기가 많다면 그 수업에서 분명 아이들은 백기를 들고 즐거워할 것이다. 교구라는 무기는 유치원 출강 강사에게 꼭 필요한 수업 무기라 하겠다. 어떤 회사는 교구도 구입할 수 있다고 하지만 써보면 남이 만들어준 무기는 내 손에 잘 안 맞는다. 어떤 방법으로든 고쳐 쓰거나 다시 만들어야 하는 경우가 생긴다. 아이들 장난감으로 교구를 대신하면 되지 하겠지만 그것도 한계가 있다. 어느 정도는 내 손으로 교구를 만들 줄 알아야 한다.

똥손이라도 하다 보면 느는 게 교구 만들기이다. 세상에 나 같은 똥손이 어디 있을까 싶게 미술도 못하고 그림도 못 그려서 하트 하나도 도안부터 뽑아서 펠트에 대고 자르던 나는 이제 눈감고도 하트 100개는 그냥 자를 수 있다. 그러나 타고난 금손이라 처음부터 교구 만들기가 쉽다면 남들보다 쉽게 시작할 수 있다. 똥손도 가능하지만 금손인데 만들기까지 좋아한다면 딱 맞는 일이다.

임기응변을 준비하자

유치원 수업은 변수에 변수가 생기는 곳이다. 시간표에 맞춰서 수업을 준비해갔는데 5세와 6세 합반을 하라는 경우가 있다. 그럴 때는 어느 연령에 맞춰야 할지 당황스러우니 쉬운 5세용을 꺼내면 6세는 지루해 한다. 6세가 배우는 걸 꺼내면 5세는 어려워한다. 잘 섞어서 수업을 할 수 있어야 한다.

깜빡하고 교구를 안 가져가기도 하고 음원을 안 챙기기도 한다. 워크북을 하는 날이라 교구도 없이 편하게 갔더니 담임선생님이 다 끝낸 줄 알고 집으로 보냈다는 경우도 있다. 그래도 수업은 해야 하고 아이들은 똘망똘망한 눈으로 기다리고 있으니 응급상황에도 수업할 수 있는 준비를 해야 한다. 공통의 주제인 알파벳이나 숫자, 날씨, 계절, 요일 같은 주제의 수업은 언제 누구와 해도 이상할 것이 없으므로 그런 수업 교구들을 준비해서 다닌다면 곤란한 상황이 와도 놀라지 않고 임기응변할 수 있다.

엄마, 작가 되다

투고의 길은 멀고도 험해서

요즘은 쉽게 작가가 된다. 자비로도 되고 10명이서 공저로도 작가가 되는 세상이다. 작가가 되는 수업을 몇백만 원을 내고 들으면 기획서 쓰기부터 책의 투고까지 도와준다. 책 한 권 내고 나면 작가라는 이름으로 강연을 다닐 수 있다고 하니 글이 좋고 책이 좋아서 쓰는 게 아니라 돈을 벌려고 책을 쓰고 돈을 벌려고 책쓰기를 알려주는 세상이다.

작가는 아무나 되는 게 아니고 책은 아무나 쓰는 게 아니라고 생각했는데 아무나 되고 아무나 쓰는 것처럼 보였다. 어딜 감히 아무나로 싸잡아 우습게 보느냐고 할지 모르지만 현실이 그렇다. 글 한 줄에 맞는 맞춤법보다 틀린 맞춤법이 더 많은 사람이 책을 냈다고 했을 때는 진짜 좌절했다. 아무리 그래도 기본적인 문장 호응도 모르는 사람이 책을 냈다니. 진짜 아무나 책을 쓰고 아무나 작가라고 불리는 현실이 서글펐다.

쉽게 작가가 되고 아무나 작가가 된다고 말했지만 내가 작가가 될 엄두는 못 내고 있었다. 죽기 전에 내 이름으로 된 책 한 권 내보고 싶다고 말했던 건 44사이즈가 되어 가녀린 몸으로 살고 싶다는 유니콘 같은 말이었다. 통뼈라고 말하지만 뼈보다 살이 더 많은 몸뚱이를 가진 내가 아무리 마른 것처럼 보여도 66사이즈 밑으로 내려가 본 적이 없는데 44사이즈가 되고 싶다는 건 불가능하다. 하지만 살이 많이 빠지면 뭐 잘 모르는 사람은 그렇게 볼 수도 있지 않을까 하는 기대를 해본다.

글도 쓰지 않으면서 책 한 권 내고 싶다고 말하고 다닌 건 나중에 나이가 들면 시간이 많고 돈이 많아서 내가 쓰고 싶은 걸 쓰고 내 돈으로 한 권 내면 되지 않겠냐는 말이었다. 그렇게 상상 속에만 있던 작가라는 이름을 꿈꾸게 된 것은 책 덕분이었다. 매일 읽는 책이 나를 작가로 만들어주었다.

서평을 쓰다 보니 글이 길어졌다. 매일 쓰다 보니 이것 봐라, 글쓰기 재밌네 싶었다.

그래도 작가라니, 감히 책이라니 하던 내게 꾸준히 책을 써보라고 해준 건 서평을 읽어주고 리뷰가 재밌다고 하는 이웃들이었다. 이런 주식서가 있으면 좋겠다고. 이렇게 쉽게 써주면 좋겠다고. 아줌마도 쉽게 읽을 주식서가 필요하다며 나를 부추겼다. 유니콘 같고 44사이즈 같던 작가라는 꿈은 그렇게 시작되었다.

'그래! 결심했어. 작가가 되는 거야.' 그런 의지를 가지고 시작한 게 아니었다. 그런가? 진짜 그런 책은 없나 싶어 찾아보다가 진짜 없다는 걸 알았다. 그렇다면 또 누군가 겁 없이 주식장에 뛰어들어 돈을 잃을 텐데 안쓰러웠다. 아이들 내복 한 장을 사면서도 리뷰를 꼼꼼히 챙기던 엄마들이 공부 없이 자기 돈을 주식에 투자한다는 것이 걱정되었다.

SNS 안에서 나는 '주식 잔소리쟁이'라고 나 자신을 부른다. 이것저것 참견하고 잔소리하기 좋아하지만 주식을 하는 사람들에게, 특히 엄마들에게는 잔소리를 하지 않을 수 없었다. 남편이 사라고 했다고, 남편 친구가 추천해줬다고,

옆집 아줌마가 사기에 같이 샀다고 말하는 그녀들이 스스로 찾아 읽고 공부할 책을 써야 했다. 아니, 잔소리를 써야 했다. 우량주를 사고, 배당주를 사고, 공부를 하라는 내용을 써야 했다. 차트와 그래프로 단타를 하는 방법은 서점에 차고 넘치지만 주식을 하면서도 불안하지 않고 큰 수익이 아니라도 1년에 10% 수익에 만족하는 투자법을 써야 했다. 100권의 주식서 중에서 꼭 읽어야 할 책들만 추려도 책 한 권은 되겠구나 싶었다.

그렇게 주식서 리뷰를 모아가며 책이란 걸 쓰기 시작했다. 출간기획서가 뭔지도 모르고 제목도 목차도 내 마음대로 만들어가며 책을 쓴다며 글을 모아가기 시작했다. 집에서도 쓰고 카페에서도 썼다. '캬! 글 봐라'. 천재 작가의 탄생이구나. 어쩜 이리 찰지게 잘 쓴단 말인가. 역시 SNS 이웃들 말이 맞는 것 같았다. 글을 참 잘 쓴다. 사이다 같다, 속이 시원하다더니 내가 봐도 그렇다. 이제 좋은 출판사만 찾아 출간을 하면 작가가 되는구나 싶었다.

'아무나 안 쓰는 주제를 이렇게 잘 썼으니 출판사 찾기는 식은 죽 먹기겠지'라고 생각하며 투고를 시작했다. 출판사의 메일 주소 리스트를 주겠다는 오애란 작가님에게 괜찮다고 말한 건 평소 자주 읽던 출판사 몇 군데만 메일을 보내도 금방 답이 올 줄 알았기 때문이다. 그렇게 건방지게 집에 있는 책에서 메일 주소를 찾아서 원고의 일부를 보냈다. 처음 출판사로부터 받았던 메일은 스팸메일인 줄 알았다는 답장이었다. 작가 소개도 없이 출간기획서라는 제목에 원고 일부만 파일로 보냈으니 말이다.

스팸메일인 줄 알았다는 출판사는 소재도 좋고 글도 재밌다며 전체 원고를 보내달라고 했다. 이제 드디어 출판을 하는 것인가? 겨우 10군데 보냈는데 계약을 하다니 역시 내 글재주는 타고났나 싶었다. 그러나 전체 원고를 보내고 며칠이 지나고 몇 주가 지나도 답은 없었다. 작가님들께 물어보니 전체 원고를 보냈는데 답이 없는 경우는 거절이라고. 거절의 메일을 보내주는 출판사도 있지만 대부분은 그런 수고를 하지 않는다고 했다.

그럼 또 다른 데를 찾아야 되는구나 싶어 다시 투고를 시작했다. 저번에 주신다던 출판사 메일주소 좀 달라며 오애란 작가님께 연락을 했다. 출간기획서 어떠냐고 여기저기 작가님들께 보여주며 충고를 구걸했다. '이거 고쳐봐라', '저

거 넣어봐라', '이렇게 옮겨봐라', '저렇게 줄여봐라' 해주신 작가님들은 할 수 있으니 해봐라 하며, 어렵고 힘든 투고이지만 하다 보면 좋은 날 온다고 했다.

100군 데 넘게 보냈다는 작가님도 있고, 하도 투고 메일을 많이 보내서 네이버에서 스팸메일로 지정해 얼마간 못 보냈다는 분도 있었다. 우리나라에 이렇게 많은 출판사가 있구나 하며 출판사란 출판사에는 다 메일을 보낼 기세로 엔터키를 눌렀다. 누구라도 한 사람만 밝은 눈으로 내 글을 알아봐주길 바랐다.

몇 주를 투고하며 원고를 보고 또 보았다. 너무 보고 고쳐서 이제 그만 보고 싶었다. 하지만 다시 읽으면 문장이 이상하고 띄어쓰기가 어색했다. 나 따위가 감히 작가를 하겠다고 나선 것이 문제였다. 그냥 조용히 할 것이지 여기저기 소문을 내서는 이제 그만두지도 못하게 생겼다. 지금 그만둔다면 사람들은 투고하다 안 되니 포기했다고 할 것이다. 잘 쓴다고 생각했지만 이 정도 글을 쓰는 사람은 차고 넘치는구나 싶었다. 남들이 잘 쓴다니 진짜 그런 줄 알고 어리석게 책까지 내보자고 생각한 내가 모자란 사람이었다.

메일이 도착했다는 반가운 표시에 화면을 열면 대부분 거절의 메일이던 그때에 12월의 첫 주부터 시작한 투고가 3주쯤 이어지던 때였다. 내년까지 해를 넘겨서 투고를 하려니 자존심이 상하던 때였다. 전체 원고를 보내주시면 바로 연락을 해주겠다는 출판사의 메일이 왔다. 저번에 그랬으니까. 전체 원고를 보내도 연락을 기다리지 말자 하면서도 마음은 메일로 가 있었다. 오후에 보낸 메일에 답이 없기에 그래 뭐 내일은 오겠지 하며 저녁 식사를 하려는데 모르는 번호에서 전화가 걸려왔다.

"안녕하세요. 북** 출판사의 ○○○입니다."

인사에 정신이 멍해졌다. 원고가 좋아서 바로 계약을 했으면 한다고, 지금 퇴근하는 길인데 계약이 급해서 이렇게 연락을 드린다는 말이 꿈처럼 들렸다. 3주를 아무도 거들떠보지 않던 원고를 퇴근을 하면서까지 계약하자는 말이 꿈같고 거짓말처럼 들렸다. 그러나 다음 날 출판사로부터 계약서를 받고서야 알았다. 유니콘이 꼭 상상 속에서만 사는 게 아니라는 것을. 꿈같고 거짓말 같은 일이 이루어지기도 한다는 것을.

여섯 번째 이름 작가

"작가님 보내드린 계약서 보시면 아시겠지만⋯." 하며 다음 날 다시 걸려온 전화를 정신 차리고 들어야 했다. 그때 메일 알림이 하나 울렸다. 전체 메일을 보내달라는 다른 출판사의 요청이었다. 계약서에 아직 사인 한 게 아니니 더 좋은 조건의 출판사를 찾아도 되지 싶어 전체 원고를 보냈다. 오늘 안에 연락해주지 않으면 지금 조율중인 회사와 계약을 하겠다고 으름장을 놓으며 원고를 보냈다.

새로 연락이 온 출판사에서는 현재 조율하고 있는 출판사와의 계약조건을 물어왔다. 자신들이 맞춰줄 수 있는지 알고 싶다고 했다. 이러저러한 조건이라고 하니 그 정도까지는 맞춰줄 수 없다며 좋은 책으로 나오길 바란다고 했다. 초보 작가에게는 파격적인 조건이라던 북** 출판사의 말이 과장이라고 생각했던 나는 다른 출판사의 답을 듣자마자 바로 전화를 걸었다. 짐짓 태연하고 아무렇지 않은 척하며 "그럼, 뭐 이렇게 계약하겠습니다."

계약금이 입금됐다. 나는 거기에 0을 하나 더 붙여줘도 모자란 내 시간과 수고가 들었다는 생각은 못 하고 자랑을 하기 시작했다. 계약했다고 돈도 받았으니 이제 작가라고 했다. 계약금 입금 내역을 자랑할 수 없으니 일부를 기부하고 그걸 자랑했다. '축하한다', '멋지다'라고 말하는 사람들 사이 친구 한 명은 울면서 전화를 걸어왔다. 친구는 '내가 왜 눈물이 나느냐, 인간승리를 이런 거라 하느냐.' 하며 기뻐했다. 책 나오면 내가 많이 사주겠다며, '내 친구가 작가구나.' 하며 전화를 끊었다.

사람들은 나를 작가님이라 부르기 시작했다. 계약을 했고 돈을 받았으니 나도 그 이름에 익숙해져야 했다. 2년 전만 해도 둘째 젖을 먹이며 우울하고 슬프고 무능하다고 징징거린 내가 책을 읽다 서평을 시작하고 인플루언서가 되고 대학생이 되었다. 주식투자자가 되고 영어강사가 되더니 작가까지 되었다. 이 모든 게 책 덕분이었다. 그러니 책에 빚을 졌고 그 빚을 갚는다는 마음으로 살아야지, 작가라고 부르는 사람들에 취해 건방떨지 말고 도움이 되는 책을 쓰면서 살아야지 했다.

책을 쓰면 인세를 받는다. 책이 잘 팔리면 몇천만 원씩 버는 작가들도 있다. 그런 작가들은 TV에도 자주 나오고 이름만 들어도 대한민국 사람들이 다 아는 작가일 경우에 그렇다. 책만 냈다하면 베스트셀러가 되는 작가들이 그렇다. 이름 없는 작가가 첫 책을 과연 얼마나 팔 수 있을까? 인세는 천차만별이고 초보 작가의 경우는 내 원고를 골라주신 것도 감사하다는 마음으로 감히 인세에 대해 불만을 말하거나 이렇게 저렇게 해달라는 부탁도 하기 어렵다.

책 안 읽기로 둘째가라면 서러운 대한민국에서 책이 잘 팔릴 일도 없다. 책이 너무 안 팔려서 출판사에는 1500권이나 1000권 정도를 1쇄로 찍는다는데 그 마저도 다 팔리기 어렵다는 게 업계의 속사정이다. 그러니 책을 써서 돈을 벌겠다는 마음은 버려야 한다. 내가 끝내주게 좋은 주제를 가지고 멋들어지는 문장으로 책을 완성해도 책으로 돈을 벌기는 어렵다는 걸 알아야 한다.

　그럼에도 사람들은 책을 쓰고 싶어 한다. 내 이름으로 된 책 한 권 내보자며 책쓰기 수업에 몇백만 원을 내기도 하고 자기 돈으로 책을 낸다. 정말 책이 좋아서, 글이 쓰고 싶어서 어떤 방법으로든 책을 내고 싶어서 그런 사람도 있겠지만 작가라는 타이틀이 필요하고, 하고 있는 사업이나 일에 책이 도움이 되기에 그런 사람들이 더 많다는 것은 굳이 비밀로 하지 않겠다. 그런 사람들이 나쁘다는 것이 아니다. 그런 책들 중에도 이 정도로 열심히 살고 이만큼 책 읽은 사람이 성공해야 세상이 공평하지 싶은 책을 만나기도 한다.

　그러나 사업과 일에 도움이 되고자 책이나 한 권 내보자는 마음으로 쓴 책에는 그 어떤 알맹이도 찾을 수가 없다. 돈 많이 벌었다고 자랑하나, 나보고 게으르다고 뭐라고 하는 건가 싶은 마음만 드는 책도 있다. 책이라고 다 책이 아니고, 작가라고 다 작가 아니라고 대나무 숲으로 가서 소리치고 싶은 마음이다.

인세도 코딱지만큼 받으면서 몇 달을 꼼짝도 못 하고 스트레스 받으면서 써야 하지만 쓰고 나면 작가라고 불린다. 내 글에 울고 웃는 사람이 있다는 말에 인세 그 따위 거 안 받았다 치자 싶어진다.

"작가님~~" 하고 불러주면 쪼르르 달려가 꽃받침이라도 하고 대답하고 싶어진다.

"네. 저 여기 있어요. 제가 작가랍니다. 책을 썼답니다. 경단녀였는데 말이죠. 아무것도 잘하는 게 없다고 우울했는데 말이죠. 이렇게 작가가 되었답니다." 하고 대답이 하고 싶다. 서평가도 대학생도 주식투자자도 영어강사도 좋지만 제일 듣기 좋은 이름이 작가라면 너무 팔불출인가. 그래도 어쩌랴. 좋은 걸 어쩌란 말이냐.

우리 엄마 책 썼었어요

계약서에 사인을 하고 나서 둘째를 하원시키러 어린이집으로 갔다. 담임선생님은 나와 나이도 비슷하고 아이들의 나이도 비슷했다. 늘 다정하게 아이들을 돌보고 잘 웃고 잘 기다려주는 이상적인 보육교사였다.

내가 공부를 하고 있는 것도 알고, 책을 쓰고, 학교에 다니고 있다는 것도 알고 있는 선생님은 시험기간이라 감기에 걸린 아이를 보내야 할 때면 걱정 말고 보내라고 하셨다. 어린이집에 보내놓은 동안에는 다 잊고 공부하라고 말해주는 선생님이 좋아서 4살이 되어서 다른 반으로 가야한다고 할 때는 엄마랑 떨어져야 하는 아이처럼 내 마음이 불안하고 슬픈 지경이었다. 그런 선생님이 아이 손을 잡고 나오시는데 보자마자 눈물이 났다.

"선생님, 선생님…." 하며 말을 못 잇고 울기 시작했다. 안 좋은 일이라도 생긴 줄 알고 사색이 된 선생님은 "왜 그러냐?, 무슨 일 있느냐?" 하기에 출판사와 계약을 했고 계약금을 받았다는 말을 겨우 이어갔다.

"어머니, 잘했어요. 진짜 잘했어요. 너무 대단하고 멋지세요."

선생님도 같이 울기 시작했다. "엄마는 이제 작가시구나." 하며 둘째의 손을 잡으며 엄마 최고라는 선생님과 얼싸안고 울고 나니 진짜 실감이 났다. 말도 못하고 기저귀 차고 다니는 둘째지만 내년이 되면 말을 하고 다니지 싶었다. 묻지도 않은 엄마의 나이와 직업을 내게 말해주는 유치원의 그 친구들처럼 이렇게 말할 것 같았다.

"우리 엄마는 작가예요."

학교 다니는 딸은 계약서를 받고 우는 내 모습에 어리둥절했다. "엄마, 왜 그래." 하고 묻기에 이제 곧 엄마 책이 나올 거라고 했다. 그러자 딸이 말을 이었다.

"돈 많이 버는 거야? 이제 엄마 유명해지는 거야?"

딸의 물음에 나는 돈은 많이 못 벌 거고, 유명해지긴 더 힘들 거라는 현실적인 말을 할 수가 없었다. 김이 빠졌다. 그럼에도 돈도 많이 벌고 책이 많이 팔리면 유명해질 거라고 하니 환하게 웃는 딸. 엄마 책 나오면 자기도 한 권 사인을 해달라고 한다. 초등학교 2학년이 주식서를 이해할 수 있을까 싶지만 "그래." 하고 약속을 했다.

며칠이 지나고 계약의 기쁨도 조금 사그라져 갔을 때였다. 평소에 인사만 하고 지내던 큰아이의 친구 엄마를 길에서 우연히 만났다. 평소처럼 가볍게 인사하고 지나가려는데 나를 붙잡으며 묻는 것이었다.

"진아 엄마 책 내셨어요? 제목이 뭐예요? 축하해요."

"아, 책을 아직 낸 건 아니고요. 얼마 전에 계약했어요. 책은 아마 몇 달 뒤에 나올 것 같아요. 감사합니다."

아이들끼리 한 말이니 책을 계약했다는 말이 책이 나왔다는 말로 전해졌겠지 했지만 담임선생님까지 책 제목을 물으시니 난처했다. 아직 책이 나온 건 아니니 출간이 되면 알려드리겠다고 했지만 아이에게 다시 이야기를 해줘야겠구나 싶었다. 도대체 어디까지 누구에게까지 말을 했나 확인해봐야 했다. 학교에서 돌아온 아이에게 엄마가 책을 쓴 건 맞고 계약도 했지만 아직 책이 나온 건 아니니 나중에 책이 나오면 이야기를 하라고 했다.

"왜? 엄마 책 쓴 거 맞잖아? 그런데 왜 말하면 안 되는 거야? 엄마가 책 썼다고 친구들이랑 선생님들한테 다 이야기했는데. 우리 엄마 작가라고 말했는데 그럼 안 되는 거야? 엄마가 책 쓰고 작가라니까 다들 대단하다고 하던데. 엄청 멋진 거라고 했어."

의기양양하게 말하는 아이를 보니 그만 말하란 소리도 못 하겠다. 아빠를 닮아 얌전하고 모범생이라고 생각했던 딸에게는 나의 유전자도 있었다. 잘난 척하기 좋아하고 관심 받고 싶어 하는 그 모습은 나와 똑 닮았다. 엄마가 책 썼다고 자랑하고 다닌 딸은 이제는 자기도 커서 작가가 되겠다는 꿈을 가졌다. 하지만 일기를 조금 더 길게 쓰고 시를 써보겠다는 열정은 일주일 만에 사그라져 버렸다.

딸은 작가의 딸이라 자랑스럽다는 말을 종종하며 글쓰는 엄마에게 와서 어깨를 토닥여준다. 재주가 없어 좋은 글은 못 쓰더라도 아이들에게 부끄럽지 않은 글을 써야겠다는 다짐을 하게 해준다. 우리 엄마가 쓴 책이 저거라고 말할 수 있도록 도움이 되고 보탬이 되는 글을 쓰리라 마음먹게 해준다.

중독 중의 최고 중독은 '쓰기'다

배고프면 비로소 먹게 되고 먹으면 반드시 찐다. 읽으면
비로소 쓰게 되고 쓰게 되면 반드시 또 쓰게 된다. 먹어서
쪄본 사람으로서, 쓰게 된 후 다시 써본 사람으로서 하는
말이니 부디 의심하지 않길 바란다.

내 주변을 봐도 그랬다. 많이 먹으면 쪘고 많이 읽으면 결
국은 썼다. 그렇게 쓰다 작가가 된 사람 중에는 한 권만 쓰
고 그만 써야지 하는 사람은 없다. 쓰다 보면 결국은 더 쓰
고 싶고 읽어주는 사람이 생기면 쓰지 않고는 베길 수 없어
했다. 쓰는 맛을 한 번 맛본 사람은 손맛을 못 잊어 낚시를
못 끊는 사람처럼 쓰기를 못 끊는다.

돈만 드는 낚시 좀 그만하라는 부인의 잔소리에도 몰래 장비를 사고 낚시할 날만 손꼽아 기다리는 남편처럼 돈도 안 되는 글쓰기 좀 그만하라는 남편의 잔소리에도 몰래 브런치 작가 신청을 해서 매일 글을 써서 올린다.

그 중독을 끊을 수 없는 것은, 아니 끊지 않는 것은 내게는 '쓰기'가 약이 되고 있었기 때문이다. 늘 피해자인 것 같은 기분으로 사는 부부관계를 들여다보며 남편과의 일상을 글로 쓰니 피해는 서로 주고받고 있는 중이라는 걸 알았다. 가해자와 피해자로 나누는 것이 결혼생활이 아니구나 싶었다.

아이 낳고 아줌마가 되고 경단녀가 되어서 나만 뒤처지고 아무것도 아니라고 생각했지만, 아이 낳고 아저씨가 되고 당장 때려치우고 싶어도 무조건 회사에 다녀야 하는 상황인 남편도 못지않게 힘들겠구나 싶어 안쓰러웠다. 내가 더 많이 고생하고 더 많이 힘든 피해자라고만 생각했지만 쓰다 보니 남편도 고생하고 있었고 힘들어한다는 걸 깨달았다. 내가 더 할 수 있고 더 여유가 있다면 모른 척 져주고 살아야 한다는 걸 글을 쓰며 깨달았다.

친정엄마와 눈만 마주치면 싸우면서 김치통을 문 앞에 두고 돌아간 엄마를 생각하면 눈물이 났다. 도대체 나는 왜 엄마가 싫으면서 좋고, 짜증나는데도 애틋한 것인지 글로 쓰면서 알았다. 다 큰 어른이 되어서도 내 못난 부분은 다 엄마 때문이라고 생각하고 엄마 탓을 했다. 그렇게 크고 싶지 않았는데 엄마가 덜 사랑해줘서, 충족해주지 못해서 그렇다고 유년의 사랑받지 못한 어린아이처럼 떼를 부렸다. 엄마는 최선의 방식으로 당신이 할 수 있는 사랑을 다 줬다는 걸 글을 쓰며 다시 깨달았다.

22살에 돌아가신 아빠만 생각하면 들었던 죄책감도 글을 쓰면서 조금씩 나아졌다. 나도 어렸으니까 철이 없었으니까 그럴 수밖에 없었다며 스스로를 안아줄 수 있었다. 좋아했던 친구에게 당했던 배신도 글로 풀어보니 큰일도 아니구나 싶었다. 어떻게 키워야 할지 갈피를 잡지 못하는 아이들에 대한 걱정도 글로 쓰면 방향이 보이는 듯했다.

나를 둘러싼 모든 사람들이 문제라고 생각했지만 글을 쓰면서 알았다. 문제는 모두 내가 만들고 있었다. 나를 둘러싼 사람들이 문제가 아니라 내 주변 사람들의 문제만을 찾는 내가 문제였다는 것을. 내 문제를 들여다볼 수 있게 되니 남을 이해할 수 있게 되었고 나도 이해할 수 있게 되었다. '그렇게 힘들었으니 너도 그럴 수밖에 없었겠지.' 하며 내면 아이를 보듬어주고 괜찮다고 말해주는 어른스러운 사람이 되어가고 있었다. 그래서 글 하나에 울고 글 하나에 웃으며 사는 쓰지 않고는 못 배기는 사람이 되었다. '쓰기' 만큼 좋은 중독도 없다는 걸 알게 되었다.

유난히 자존감이 낮고 사는 게 재미없다면 술보다 글을 권하고 싶다. 쓰다 보면 괜찮은 사람으로 살게 되고 뭘 써야 하나 싶어 재밌어진다. 재능이 없고 잘 쓰지 못 해도 쓰다 보면 재능을 발견하고 잘 쓰게 된다. 술은 잠깐 좋은 기분을 주지만 글은 옆에 두고 보면서 자주 좋은 기분을 느낀다. 술이 과하면 건강만 해치지만 글이 과하면 건강은 해치지만(허리디스크, 목디스크, 터널증후군 하나 없는 작가들은 없다) 정신이 맑아지고 삶의 수준의 높아진다. 쓰는 사람으로 인정받다 보면 술보다 글에 손이 간다. 술 한 잔보다 글 한 줄에 위로를 담을 수 있게 된다. 그러니 쓰지 않고는 못 배기겠다며 오늘도 여기저기서 타닥타닥 자판을 두드리며 쓰고 있는 중독쟁이들이 바로 작가라는 사람들이 아닐까 싶다.

출판사놈들아! 출판사님들아!! 출판사느님!!!

쓰기만 하면 서로 계약하자고 할 것 같던 원고를 몇 주간 투고하던 때였다. 이름만 들어도 아는 출판사로 투고 메일을 보내놓고는 하루에 몇 번씩 메일을 확인했다. 몇 군데 출판사는 메일을 보내자마자 답이 왔다. '귀한 원고를 보내주셔서 감사합니다. 투고 원고가 많아 확인하는데 2주에서 3주가 걸립니다. 긍정적인 답변을 드릴 때만 다시 연락을 드리겠습니다'라는 기계적인 답글에도 희망을 걸었다.

내 글이 좋으니 저런 답을 보내줬을 거라고. 아마도 내부 검토 후 2주나 3주 뒤에는 계약을 하자는 연락을 줄 것이라고. 몇 주가 지나고 검토가 끝나도 한참 끝났을 시간이 지나도 답은 없었다. 그러면 다시 메일함으로 가서 보낸 메일의 수신확인 버튼을 누르며 어느 출판사가 읽었나, 안 읽었나를 확인하며 다른 출판사에 투고 메일을 보냈다.

기획서가 별로인가 싶어 몇백 번을 다시 읽고 고쳐서 보냈다. 우리 출판사와는 방향이 맞지 않아 출간이 어렵다는 메일을 받으면 어깨가 쳐지고 힘이 빠졌다. 거절의 메일이라도 보내주면 다행이지만 '원고를 잘 받았다, 우리랑은 어렵겠다'라는 답을 주지 않는 출판사가 더 많았다.

거절을 즐기는 사람이 있다면, 나는 아직 거절을 당해본 적이 없어서 재밌는 경험이 될 것 같다는 사람이 있다면 투고의 메일을 보내보길 권한다. 아무리 글 잘 쓰는 작가라도 처음 쓴 책의 투고를 한 번에 성공했다는 말을 들어본 적이 없다. 이런 글을 쓰는 작가도 몇십 군데의 투고를 하고서 책이 나왔단 말인가 싶을 만큼 글 잘 쓰는 작가도 투고하고 거절을 당하는 곳이 출판사라는 곳이었다. 그런 투고의 시간을 보내다 보면 출판사라는 곳에 대해, 거기서 일하는 사람들에게 대해 의심과 불만을 품는 첫 번째 단계가 시작된다. 그러다 이해하고 기다리는 단계가 되며, 애원하고 매달리는 마지막 단계로까지 이르게 된다.

첫 번째 원망의 단계에서는 출판사놈들의 눈은 얼마나 어둡기에 제대로 된 글 하나 찾아내지 못한단 말인가 싶다. 좋은 글을 책으로 엮어서 잘 팔리면 출판사는 돈 벌어서 좋고, 나는 작가 되서 좋은데 왜 이토록 몰라준단 말인가 싶다. 나를 거절한 모든 출판사들아 두고 봐라 내 책이 나오면 당신들은 분명 땅을 치고 후회할 것이다. 베스트셀러가 될 책을 못 알아봤다며 책임자를 나무랄 것이란 말이다.

두 번째 기다림의 단계에서는 출판사님들의 바쁜 상황과 열악한 출판계가 그저 안쓰럽다. 야근에 야근을 하면서 책을 만들어 내지만 읽어주는 사람이 없어 매출이 저조하기 그지없다는 소식은 익히 들어 알고 있었다. 읽어주는 사람이 없는 정도가 아니라 책을 내도 사는 사람이 없어서 출판사를 운영하는 게 적자라 문을 닫는 곳이 여는 곳보다 더 많다고 한다. 그러니 아무리 좋은 글이라도 팔리지 않을지도 모를 책을 낸다는 것이 얼마나 부담스러울까 싶어 애가 탄다.

세 번째의 애원 단계가 오면 출판사를 운영하고 일하는 사람들이 천사처럼 보인다. 날개를 달고 환한 웃음을 지으며 책을 만들어주고 싶지만 사람들이 너무 책을 읽지 않아서 그러니 조금만 기다려보라는 말을 건네는 것처럼 보인다. 그래도 지치지 말고 써야 한다고 힘을 내야 한다는 말을 하는 것처럼 보인다.

투고를 하면서 만났던 수많은 거절 중에는 따뜻하고 고마운 거절도 있었다. 글은 좋지만 자신의 출판사와는 결이 다르니 맞는 곳을 찾아서 투고해야 한다며 포기하지 말고 끝까지 해보라는 답장을 보내온 곳이 있었다. 답장이 너무 늦어 미안하다며 전체 원고를 보내달라는 곳에 이미 다른 곳과 계약을 했다고 하니 축하한다는 인사와 함께 책을 낼 때 이런 부분을 신경 쓰고 저런 부분을 출판사와 잘 조율해서 출간하라는 답을 받기도 했다.

읽지도 않는 사람들을 위해 팔리지도 않는 책을 엮고 있을 출판사느님께 앞으로도 잘 부탁한다는 아부와 함께 웬만하면 내가 쓴 원고는 책으로 엮어주십사 부탁을 드려본다. 내가 쓴 글만 눈에 도드라져 보여서 책으로 내줘야지 하는 마음이 들게 해달라고 '비나이다 비나이다 천지신명님께 비나이다.' 하는 마음으로 살고 있는 천주교 신자 여기 있다고 손을 번쩍 들어본다. 그러니 부디 계약하자, 출간하자는 연락을 좀 자주 해주십사 하며 오늘도 믿는 분께 기도드려 본다.

다시 태어나도 '엄마' 하고 싶고
다시 태어나도 '작가' 하고 싶다

"엄마 처음에 내 심장소리 들은 거 기억나? 오늘 도덕시간에 선생님이 그러는데 모든 엄마들은 그 순간을 잊을 수가 없다던데. 병원에서 처음 들었던 아기 심장 소리 말이야. 엄마도 기억나?"

학교에서 돌아온 딸이 느닷없이 물어보기 시작했다. 원래도 엄마만 쫄쫄 따라 다녀서 '엄마 쫄쫄이'라고 불렸던 큰아이였다. 동생이라는 존재는 싫고 미운 질투의 대상만 되는 건 아닐까 싶어 둘째를 낳지 말자던 남편과 나는 둘째 임신 사실을 알고 큰아이 걱정을 하지 않을 수 없었다. 혼자도 외롭지 않다고 동생 필요 없다는 6살에게 내년이면 동생이 생길 거라고 했을 때 좌절하고 힘들어하던 모습을 잊을 수가 없다.

자기는 필요 없는데 왜 엄마 아빠한테는 동생이 필요하냐며 울던 6살은 7살이 되었다. 동생이 태어나자 기저귀도 갈아주고 안아주고 뽀뽀해주기 바빴다. 8살이 되어 학교 하교 시간에 유모차에 태워 동생을 데려가면 친구들에게 우리 동생이라며 자랑하기 바빴다. 9살이 되어서 동생을 데리러 함께 간 어린이집 앞에서 보고 싶었다며 뽀뽀해주기 바빴다. 10살 때에는 동생을 꼬셔서 엄마한테 강아지 키우고 싶다고 하라고 하며, 아이스크림 사달라 말하라고 시키기 바빴다. 둘이서 뭐가 좋은지 내복바람으로 이불을 덮고 낄낄거리는 걸 보고 있으면 엄마가 안 되었더라면 느껴보지 못했을 행복에 눈물이 난다.

물론 기억이 난다. 8주도 안 된 산모가 입덧으로 얼굴이 노래져서 병원을 찾았다. 지금 속이 울렁거려서 아무것도 못 하겠으니 이걸 좀 어떻게 해달라고 하니 입덧방지주사가 있다고 했다. 어서 뭐라도 해서 좀 낫게 해달라며 간호사를 붙잡고 애원했다. 주사를 맞기 전 진료를 위해 침대에 누워서 의사에게 입덧이 너무 힘들다 좀 살려달라고 애원했다. 의사는 까만 화면의 초음파를 가르치며 설명을 하는데 입덧 좀 없애달라니 이런 거나 보여주나 싶어 짜증만 났다. 그러다 갑자기 콘서트장에 온 것 같이 큰소리가 들렸다.

'쿠궁 쿠궁 쿠궁 쿠궁 쿠궁.'

진찰을 하던 의사가 말했다.

"아기 심장도 잘 뛰네요."

나는 의사의 말에 쏟아지는 눈물을 참을 수가 없었다.

"이게 심장소리예요? 아기 심장이요? 죄송해요. 왜 눈물이 나지."

"엄마가 아기 만나니까 당연히 눈물이 나죠. 괜찮아요."

의사는 입덧이 누그러지는 주사를 처방해주겠다고 했지만 심장소리를 듣고 난 후 한사코 그 주사를 맞지 않겠다고 했다. 혹시나 아기한테 안 좋은 영향이 갈지도 모르는데 참아보겠다고 말하며 병원을 나오는데 입덧은 계속되고 힘들었다. 아기 심장 뛰는 소리가 자꾸 귀에서 맴돌았다. 여기서 잘 커서 나올 테니 엄마도 입덧 한 번 참아보라는 듯이 씩씩한 그 소리가 주사보다 낫겠지 싶어 몇 달을 참았더니 입덧도 수그러들었다.

심장소리 기억난다마다. 너희들 처음 만났던 순간도 젖을 물고 오물거리며 씨익 웃던 모습도, 아장거리며 걷던 모습도 다 기억하고 있단다. 다시 태어나도 너희들 엄마로 태어날 수 있다면 아빠와 또 결혼을 하겠다는 마음까지 먹었으니 엄마가 얼마나 너희들을 사랑하는지 느끼고도 남을 거야.

"엄마는 다시 태어나면 남자하고 싶어 여자하고 싶어? 나는 여자하고 싶어. 남자는 머리도 못 기르고 옷도 예쁜 걸 못 입고 재미없을 것 같아. 그래서 난 다시 태어나도 여자할래."

다음 생의 성별까지 계획해 놓은 딸이 말했다. 나는 다시 태어나도 작가하고 싶다고 말했다. 딸이 덧붙였다.

"돈도 많이 못 번다며? 허리도 아프잖아. 작가하지 말고 부자 해. 그럼 난 또 엄마 딸로 태어나서 부자 딸 해야지."

다음 생의 직업까지 계획하는 딸에게 부자도 작가도 내마음대로 되는 게 아니라는 말하면서도 이렇게 대답했다.

"그럴까? 그럼 엄마는 부자 작가할래."

태어나길 부잣집에서 나거나 타고난 재복이 있어야 부자가 된다는 말을 이해하려면 딸이 몇 살쯤 되어야 할까? 악

착같이 노력하면 부자도 가능하고, 힘들어도 꾸준히 노력하면 작가도 가능하다는 건 몇 살쯤 되어야 제대로 이해할 수 있을까?

내가 쓴 글 한 줄에 눈물이 났다는 사람과 글이 해장국보다 시원하다는 사람을 만나면 진짜 그런가, 나 좀 쓰나보다 싶다가도 남이 쓴 책에 좌절하고 기운이 꺾인다. 그런 책은 한두 권이 아니라 서점과 도서관에 차고 넘쳐서 볼 때마다 시기 질투가 난다. 내 글은 별로 안 좋은 것 같다고, 내 눈에만 좋아 보이지 싶다고. "그러니 이렇게 투고가 힘들지." 하며 카페 사장인 친구에게 푸념을 했다.

"옷가게를 친구들이랑 가봐도 취향이 제각각이야. 레이스 달린 옷 고르는 친구, 무늬가 화려한 옷만 고르는 친구, 군더더기 없는 옷을 고르는 친구, 자기 스타일은 여기 없다고 안 고르는 친구도 있어. 네 글은 그 중에 하나야. 레이스가 없고 무늬 없는 옷이 안 좋은 옷이라고 생각해? 나는 네가 쓴 걸 보면 너무 시원해서 좋아. 나처럼 해야 할 말도 잘못하는 사람은 네 글을 보며 대리만족을 해. 모두가 좋아하는 글을 쓰는 작가는 없어. 레이스 달리고 무늬 있는 글을 좋아하는 사람들이 네 글을 안 좋아한다고 걱정할 필요 없어.

바꿀 생각도 말고. 옷 취향 존중하듯 글 취향 존중해서 너한테 맞는 걸 쓰면 돼."

카페를 할 게 아니라 작가를 했어야 하는 작가보다 더 작가 같은 친구에게 위로를 받았다.

예쁘고 화려한 글을 못 쓰는 게 단점이라고 생각했지만 쓰다 보니 알겠다. 쓰면서 배운다. 타고난 천성을 바꾸기 어렵듯 타고난 글투도 바꾸기 어렵다. 글 잘 쓰는 작가를 좀 따라 해볼까 싶다가도 결국 생긴 대로 쓰기로 했다. 글에서도 느껴지는 작가들의 진심과 가치관과 삶을 대하는 태도까지 따라할 수는 없기 때문이다. 작가라는 이름으로 불리는 것만이 좋은 게 아니라 작가라는 이름을 달고 평생 살고 싶다면 내 글이 '나'이고, 내가 '내 글'이어야 하기에. 조금 거칠고 못났지만 솔직하고 꾸밈없는 내 글을 사랑하는 작가로 후회 없이 살고 싶다. 처음 계약한 책은 주식장의 하락으로 출간이 미뤄지고 있다. 책도 다 때가 있는 모양인데 출간의 기쁨은 다음에 느껴야겠다.

작가가 되고 싶다면

매일 쓸 곳을 찾아 나서자

타고나길 글을 잘 써야 하고 대단한 문장을 지어내야 작가하는 것이 아니다. 작가라고 하면 글을 잘 쓰는 사람을 생각하겠지만 작가는 매일 쓰는 사람이라는 말이 더 맞는 말이다. 주변 작가님들을 봐도 그렇다. 매일 조금씩 썼다고. 처음에는 일기를 쓰다가 블로그에, SNS에 쓰면서 작가의 꿈을 키워나갔다고 한다.

뛰어난 문장가라서 언어의 연금술사라서 작가가 된 것이 아니라 꾸준히 조금씩 쓰다 보니 단어가 문장이 되고 글이 되고 책이 되었다는 이야기는 뻔하지만 정답이다. 나 역시 그랬기에 작가가 되고 싶다는 사람을 만나면 매일 쓰는 습관을 들이라고 한다. 작가 수업을 듣고, 글쓰기 수업을 듣고 나면 작가 되는 것 아니냐 할지 모르지만 어느 수업도 작가로 만들어주지도, 글을 대신 써주지도 않는다. 글은 결국 자신이 써야 한다. 매일 조금씩 쓰면서 글쓰기와 친해보자. 블로그에 쓰든, 인스타에 쓰든 매일 써보자. 글이 모아지면 브런치 같은 곳으로 가서 작가 신청을 하고 글을 올려보자. 누군가 내 글을 읽어준다는 기쁨을 미리 느낄 수 있다.

글쓰기 수업, 책쓰기 수업 두 눈 크게 뜨고 잘 고르자

작가가 되고 싶다는 마음을 먹으면 제일 자주 눈에 띄는 게 이런 광고들이다. 글쓰기와 책쓰기 수업이 이렇게 많았나 싶을 정도로 많다는 것을 알게 된다. 대부분의 쓰기 수업들은 수업료가 있고 생각보다 비싼 가격에 놀랐던 나는 첫 책을 쓰던 시기에 글쓰기 수업을 한 달간 들었던 적이 있다. 아이들 학원비도 한 달에 이 정도는 쓰는데 싶은 금액의 수업이었다.

숲속 육아서를 쓴 작가님이 진행했던 그 쓰기 수업은 일주일에 한 가지의 주제를 내주며, 글을 쓴 다음 다 같이 합평을 하고 작가님은 피드백을 개인적으로 보내주는 방식이었다. 합평을 처음 해보고 피드백을 처음 받아 보니 다들 내 글이 별로고 안 좋다고 말하는 것처럼 보였다. 그들이라고 특별히 잘 쓴 것 같지 않은데 내 글에 이러쿵저러쿵한다 싶어 빈정이 상했다. 하지만 꾹 참고 한 달이 지나고 보니 달라진 내 글이 보이기 시작했다. 문장이 매끄러워지고 읽기가 수월해진 게 느껴졌다. 합평도 그랬다.

입에 쓴 약이 몸에 좋듯 귀에 거슬리는 말이 글에 좋았다. 이렇게 고치고 저렇게 고치다 보니 훨씬 나은 글이 되는 듯했다. 그러나 나는 이 수업을 한 달만 하고 말았다. 착하고 고운 글을 쓰는 작가님과의 수업은 분명 도움이 되었지만 더 하다가는 내 글의 색과 개성을 잃게 되지 않을까 싶어서였다. 혼자 쓰기가 어렵다면, 글감 찾기가 어렵다면 글쓰기 수업을 들어도 도움이 된다. 대부분이 유료 수업이지만 부담되는 금액을 받는 곳은 피하자. 작가님들이 진행하는 쓰기 수업은 책을 읽어 보고 참여하는 게 좋다. 나와 맞는 작가님을 찾아 수업을 듣다 보면 글쓰기도 나아지고 나만의 글투도 찾을 수 있게 된다.

책쓰기 수업의 금액을 듣고 처음에는 그 돈을 내면 책까지 찍어준다는 말인가 싶었다. 300만 원의 수업료가 너무 비싸 그 정도 돈이면 내가 자비출판을 하는 게 낫지 싶었다. 그래서 30% 할인을 해준다는 다른 책쓰기 광고에 문의를 했더니 할인한 금액이 500만원이라고 했다. 책을 써서 돈을 벌어야 하는데, 책을 쓰는데 돈을 내야 한다니 설마 이런 수업을 듣는 사람들이 있을까 싶었다.

책을 꼭 내야 하는 사람이나 도움이 필요한 사람들은 책쓰기 수업을 들으며 도움을 받는다. 그러나 나는 작가가 되어서 돈을 벌고 싶은 것이지 작가가 되려고 돈을 쓰고 싶은 게 아니었다. 찾아 헤매다가 책쓰기 수업 신청 전에 무료 수업을 2시간 해준다는 작가님을 찾았다. 2시간에 뭘 배울 수 있을까 싶었지만 그 2시간 무료 수업을 듣고 어떻게 책을 쓸지 방향을 정하고 책을 쓰기 시작했다. '출간기획서'라는 걸 써야 하고 목차를 어떻게 짜야 하는 지 배웠다. 책쓰기 수업을 듣지 않았는데도 무료 수업을 들었다는 이유로 작가님은 첫 책을 계약했을 때, 책의 출간이 미뤄졌을 때도 충고해주시고 위로해 주셨다. 이런 작가님이랑 같이 책쓰기 했더라면 출간이 조금 더 빨랐을까 생각이 들었다.

혼자서 책을 써볼 엄두가 나지 않는다면 책쓰기 수업을 들어보는 방법도 있다. 그러나 무료 수업을 먼저 들어보고 결정해보는 것이 좋다. 대부분의 책쓰기 수업은 무료 수업이나 샘플 수업이 있으니 결제부터 하지 말고 무료 수업부터 들어보자. 이 돈을 주고 들어도 아깝지 않겠다 싶은 수업을 두 눈 크게 뜨고 찾아서 듣자.

팔리는 글을 쓰자

나도 한 때는 문학소녀였다. 시를 사랑하고 에세이 한 편에 눈물을 흘리던 문학소녀가 내고 싶어 했던 책은 그런 종류의 책이었다. 그러나 내가 쓴 책은 주식에 관한 책이었다. 그것도 아주머니가 주식했다는 이야기다. 좋아하던 분야와는 거리가 멀었다. 책쓰기 무료 수업을 들을 때 작가님이 했던 말 때문이었다. 독자들은 작가의 진짜 이야기를 원하는데, 특히 실패한 경험이나 그 실패를 딛고 성공한 이야기를 좋아한다고 했다.

읽었던 주식서를 멋지게 리뷰한 책을 쓰려고 했던 나는 아주머니라는 사실도 숨기고 멋진 필명을 써야지 했다. 독후에 관련된 책들은 많으나 주식서 독후 관련 책은 적으니 이런 글이라면 팔리지 않을까 싶었다. 내 계획을 듣고 작가님은 고개를 절레절레 저었다. 당신이 주식을 안 해서가 아니라 주식서 리뷰한 책을 누가 읽겠느냐고 하면서 급구 말렸다. 차라리 본인이 주식을 해서 실패했던 경험과 주식서를 읽고 난 후 어떻게 수익을 내고 있는 지에 대한 이야기를 쓰고 그 안에 주식서 추천을 쓰는 게 어떠냐는 권유에 나는 책의 방향을 바꾸었다. 그리고 그 원고는 투고에 성공했다. 팔리는 글은 읽히는 글이다. 내가 독자라는 마음으로 생각해봐야 한다. 어떤 책을 읽고 싶은지, 어떤 책에 손이 가는지 열심히 생각한 다음 방향을 정하는 것이 좋다.

썼다면 투고하자

쓰고 싶은 이야기를 찾아서 기획서를 쓰고 목차를 만들어야 한다. 작가 소개, 책의 주제, 쓰게 된 동기 등을 간단히 적고 목차를 나누어 쓴다. A4 80장에서 100장 정도로 썼다면 내 글을 책으로 만들어 줄 출판사를 찾아야 한다. 자비출판이나 독립출판을 한다면 잘 아는 부분이 아니라 도움을 줄 수가 없으니 다른 사람을 찾아보길 바란다. 그러나 투고라면 누구 못지않게 보내보고 거절 당해봤다. 처음 은인 같은 작가님으로부터 받은 출판사의 메일 주소가 몇 백 군데나 되었다. 몇 군데만 투고하면 바로 계약하자고 할 것 같았지만 현실은 냉

정했다. 몇 주를 투고했고 80군데가 넘는 곳에 투고를 했던 것 같다.

거절의 메일을 받으면 속상하고 힘이 빠진다. 그마저도 안 보내주는 출판사들이 더 많아서 우울함은 극에 달했다. 그렇지만 좋은 글을 팔릴 수 있도록 썼다면 포기하지 말고 투고를 해야 한다. 출판사의 메일주소를 받아서 여러 곳에 투고를 하는 것도 좋다. 하지만 직접 서점에 가서 내가 쓴 글의 주제와 비슷한 책을 출간한 출판사들을 찾아 먼저 메일을 보내보자. 아동문학을 하는 출판사에서 자기계발서를 출간하지 않고, 실용서를 만드는 출판사에서 시집을 출간하는 경우는 거의 없다. 출판사도 자기만의 색깔이 있고 비슷한 방향의 책들만 출간하는 경우가 많다. 그러니 내가 쓴 글과 맞는 출판사를 먼저 찾아서 메일을 보내보자.

이름만 들어도 아는 출판사의 경우는 메일이 아니라 홈페이지에 투고를 받는다. 설마 이렇게 큰 출판사에서 내 글을 봐주겠나 싶은 마음은 접고 어디라도 보내보고 쫄지 말고 투고하면 된다. 글이 좋다면 작든 크든 눈 밝은 편집자가 있는 출판사에서 좋은 책으로 엮어줄 것이니 걱정 말고 투고해보자.

포기하지 말고 쓰고 또 쓰자

나도 책을 좀 써봐야겠다는 말을 많이 듣는다. 내가 책을 쓰고 계약을 했다고 하면 종종 듣는 말이었다. 자기 인생이야말로 책으로 써도 될 만큼 드라마틱하다며 쉽게 말하는 사람들이 있다. 그런 사람들에게 이게 얼마나 어려운데 너는 못할 거라는 말 대신, 그렇다면 매일 쓰라고 일기라도 써보라고 하면 까짓것 하며 자신감을 보인다. 그러나 책을 쓰고 작가가 되고 싶다고 말하던 사람들의 열에 열은 쓰기 시작하고 얼마 되지 않아서 포기한다. 몇 달은 글을 써야 하고 매일 조금씩이라도 써야 하니 처음에는 자신 있다 하지만 그게 얼마나 쉽지 않은 지 몸소 느끼고 나면 소리 소문도 없이 그만둬버린다. 어렵게 글을 다 썼지만 투고해도 출간해주겠다는 출판사가 없으면 다시 한 번 포기를 한다. 이렇게 힘들 게 쓴 글을 몰라주는 출판사가 야속하고 속상하다며 글을 쓰지 않겠다고 한다.

오래하고 꾸준히 하다 보면 반드시 온다. 포기만 하지 않는다면 출간의 기회는 온다. 쓴 글을 읽고 또 읽으며 문장을 고치고 단어를 바꿔가며 기다려보자. 출간기획서를 다시 써보고, 독자들이 원하는 이야기가 무엇인지 찾아보고 내 글이 거기에 닿을 수 있도록 다듬어보자. 포기하지만 않는다면 무엇이든 될 수 있다는 말은 아이들에게만 하지 말고 나부터 그 말을 믿어야 한다. 무엇이든 될 수 있다. 그러니 쓰고 쓰며 쓰는 삶을 살자.

너만 48시간을 사는 것 같다고 말하는 친구가 있다. 하는 일이 그렇게 많은데 왜 너는 나보다 한가해 보이냐며 혼자 시간을 어디서 덤으로 얻어 쓰느냐 물었다. 시간을 덤으로 얻어 쓸 수 있다면 정말 좋겠지만 내게도 주어진 시간은 24시간이다. 그 안에 할 수 있는 것들을 하며 지낸다.

굳이 팁을 주자면 그 어떤 상황에서도 하루에 2시간 정도는 나만의 시간을 만들려고 한다. 새벽에 일어나서 책을 읽거나 수업 전 오전 시간에 카페에 간다. 아이들이 집으로 오는 오후 시간부터는 목욕시키고 저녁을 준비하고 설거지를 하느라 내 시간을 가질 수 없으니 오전 시간은 웬만하면 나를 위해 쓰려고 한다. 그렇게 시간을 내서 나를 돌본다. 나를 위한 시간에는 청소도 반찬도 생각하지 않는다. 오후에 집으로 출근해서 할 일은 오전에 생각하지 않고 나를 위한 것들만 한다. 책 읽고, 공부하고, SNS 관리하고, 글을 쓴다. 그런 시간이 2년이 지나니 결과들이 나오기 시작했다. 돈을 벌고 여러 가지 이름으로 불렸다.

그 시간 동안 그만두고 싶고 포기하고 싶었던 적도 있다. 이거 한다고 큰돈을 버는 것도 아닌데 안 하면 그만이었다. 늘 그랬던 것처럼 내 취향 아니라며 이제 재미없어서 그만한다면 끝이었다. 그렇게 41년을 살았더니 남는 게 없었다. 남은 시간이 얼마나 될지 모르지만 다시 그런 인생을 살고 싶지는 않았다. 꾸준하고 열심히 엉덩이 무겁게 하다 보면 뭐라도 되지 싶었고 대단하지 않지만 그 결과들은 이렇게 책이 되어 나왔다.

이 책은 순전히 내가 잘나서 쓴 것이라고 말하고 싶지만 그럴 수가 없다. 너무 많은 분들이 도와주셨고 진심어린 응원을 받았다. 작가라는 꿈을 꾸기도 어려웠던 시절에 오애란 작가님은 할 수 있다고 꼭 책을 써보라고 하셨다. 나에게는 에너지가 있다며 도움이 필요하면 언제든 연락하라며 첫 책부터 지금까지 수호천사처럼 내 옆을 지켜주신다.

인스타에서 만난 인연인 곽진영 작가님, 홍보라 작가님은 무급으로 출간기획서에서 투고까지 도움을 주셨다. 계약을 했다는 소식에는 진심으로 기뻐해주신 작가님들 덕분에 두 번째 책까지 쓸 수 있었다. 덕질 팬질을 44살부터 시작하게 해주신 배지영 작가님은 계약 소식에 춤을 추셨다. 군산에 추는 춤이 부산에서 보일 정도로 기뻐해주셨다. 업어주겠다고 약속도 하셔서 업히러 군산으로 가야한다. 인스타의 이웃들은 자기 일처럼 기뻐해주고 출간을 기다려준다. 떡을 돌리고 싶다는 내 마음을 기부로 증명하니 맛있게 잘 먹었다 말해주는 얼굴도 모르는 고마운 이웃들께 감사하다. 자극이 되고 위안이 되는 경공주들에게 오래오래 이렇게 만나서 공부하자는 다짐을 받고 싶다.

3살이던 둘째를 김정선 선생님이 잘 키워주셔서 첫 책을 쓸 수 있었다. 공선희 선생님이 4살 아들을 사랑으로 키워주셔서 두 번째 책도 쓰고 두 번째 대학도 다닐 수 있었다. 책의 계약이 너무 힘들다는 내게 별 걱정을 다 한다고 네 책은 반드시 계약한다고 말해주고, 계약했다는 소식에도 당연히 할 줄 알았는데 너는 뭘 그리 놀라냐고 책 나오면 베스트 셀러라고 말해주는 미정이에게 감사하다. 모유수유 가능성을 묻던 회복탄력성 최고인 친구 의정이, 목포 김치를 배달해주는 양말을 팔아도 성공했을 미희에게도 고맙다.

전생에 내가 나라를 구했으니 너와 친구란 생각이 들게 하는 손희경과 그녀의 베프 내 딸 유진아에게 감사하다. 이제 5살이 되는 유승인과 45살이 되는 유준호에게 앞으로는 제발 내 말 좀 잘 들어달라는 당부를 하고 싶다. 유가네 대장님인 유재환 아버님 올해는 걸어서 집으로 오셔서 잔소리 좀 해주십사 부탁을 드려본다. 엄마와 언니에게는 고맙고 미안하다.

지면에 일일이 못 쓴 고마웠던 인연들, 감사했던 일들은 마음에 꼭 새기고 살겠다. 오늘보다 내일이 더 기대되는 사람이 아니라 오늘에 전부를 담고 살아가겠다. 주머니의 꾸준한 오늘을 지켜봐 달라. 성실하고 근면한 주머니로 오늘을 살겠다.

나는 돈 버는, 행복한 경단녀입니다

초판 1쇄 인쇄 2023년 03월 25일
초판 1쇄 발행 2023년 03월 30일

지은이 주머니
펴낸이 인창수
펴낸곳 태인문화사
신고번호 제2021-000142호(1994년 4월 12일)
주소 경기도 파주시 탄현면 참매미길 234-14, 1403호
전화 031) 943-5736
팩스 031) 944-5736
이메일 taeinbooks@naver.com
ISBN 978-89-85817-22-6 (03190)